João W. Nery

Velhice transviada
Memórias e reflexões

Copyright © 2019 by herdeiros de João W. Nery

*Grafia atualizada segundo o Acordo Ortográfico da Língua Portuguesa de 1990,
que entrou em vigor no Brasil em 2009.*

Capa
Carlos di Celio

Foto da página 1
© Raphaela Comisso

Revisão do texto final
Solange Bastos

Entrevistas em BH
Participação de Lucas Ávila

Preparação
André Marinho

Revisão
Isabel Cury
Marise Leal

*Na segunda parte deste livro, João W. Nery utilizou pseudônimos e
propositadamente recriou ambientes ou alterou dados que pudessem, porventura,
levar à identificação daqueles que não quiseram ter seus nomes revelados.*

Dados Internacionais de Catalogação na Publicação (CIP)
(Câmara Brasileira do Livro, SP, Brasil)

Nery, João W.
    Velhice transviada : Memórias e reflexões / João W.
Nery. — 1ª ed. — Rio de Janeiro : Objetiva, 2019.

    ISBN 978-85-470-0093-6

    1. Nery, João W. 2. Transexuais– Brasil – Autobio-
grafia I. Título.

19-28942   CDD-920

Índice para catálogo sistemático:
1. Memórias autobiográficas   920

Cibele Maria Dias – Bibliotecária – CRB-8/9427

[2019]
Todos os direitos desta edição reservados à
EDITORA SCHWARCZ S.A.
Praça Floriano, 19, sala 3001 — Cinelândia
20031-050 — Rio de Janeiro — RJ
Telefone: (21) 3993-7510
www.companhiadasletras.com.br
www.blogdacompanhia.com.br
facebook.com/editoraobjetiva
instagram.com/editora_objetiva
twitter.com/edobjetiva

Dedico este livro às pessoas trans, sem voz, às mais invisíveis para a sociedade: àquelas rotuladas de abomináveis, vistas como pervertidas, que envergonham as famílias e os vizinhos, que ainda menores foram punidas com a expulsão de casa, sem abrigo específico para as acolherem na juventude nem na velhice e, sobretudo, às que não têm direito à insolência da longevidade, por morrerem assassinadas, ainda prematuramente.

Sumário

Por tudo que dura 9

Velhice.. 13

PARTE I

1. Quem era eu.. 25
2. O poço da solidão... 32
3. Primeiros contatos com idosos 37
4. Recordações de mamãe.................................... 43
5. Papai fez cem anos 49
6. As primeiras guimbas 55
7. A descoberta... 62
8. A vida entre parênteses 69
9. O último cigarro... 74

PARTE II

10. A velhice começou aos doze 85
11. Silva e a puta.. 98
12. Expulsa do shopping..................................... 103

13. Nascida do luto 109
14. Avô e avó 126
15. Sobrevivente da peste gay 132
16. O estilhaço de aborto 144
17. Não saí da prostituição, ela é que saiu de mim 153
18. Encontros com a morte 163

Epílogo 169

Por tudo que dura

Jean Wyllys

Conheci João primeiro por meio das palavras. Nada mais significativo. Palavras podem e devem construir pontes. Seu objetivo é compartilhar o mundo, e João compartilhara seu mundo e sua extraordinária história no livro *Viagem solitária*. Na primeira oportunidade que tive de conhecer João pessoalmente, eu o fiz. A gente se encontrou numa atividade na semana que antecede à parada do Orgulho LGBT de São Paulo e, depois, na própria parada. Nossa identificação foi imediata. A admiração, recíproca. Conversamos bastante, mais sobre nós do que sobre nossas causas comuns. Já naquele dia, João expressou uma preocupação com a combinação entre homossexualidade ou transgeneridade ou transexualidade e velhice. Na ocasião, ele já sabia, por sua longa experiência, que a miséria material, mas sobretudo a miséria afetiva de uma lésbica, gay, travesti ou transgênero tende a se ampliar na velhice. Lembro-me de que o contestei, ressaltando que, por mais triste que seja essa miséria afetiva ampliada com o avançar da idade (quando somos compulsoriamente ou não afastados dos entretenimentos e sociabilidades urbanos de LGBTs, marcados pelo culto à juventude, à beleza e ao consumo), durar no tempo ainda era — e é — um privilégio de poucos homossexuais e transgêneros. Quando não é o suicídio decorrente da depressão produzida pela transfobia ou homofobia ou não são as doenças sexualmente transmissíveis como a aids (ainda uma causa de mortalidade entre gays e travestis jovens pobres, principalmente entre os pretos), é o homicídio motivado pelo ódio à orientação sexual ou identidade de gênero que impede muitas lésbicas, gays, travestis, transexuais e bissexuais de terem uma vida mais longa.

João concordou. Porém, ativista e otimista que era, e por já ter visto tanta coisa mudar ao seu redor e em sua própria vida, ele me disse que daquele momento em diante e como fruto de nossa própria luta (da qual eu, em suas palavras, era "um resultado positivo inegável"), nós duraríamos mais, envelheceríamos mais e, portanto, chegaria a hora de tratar dessa combinação.

Eis aqui, neste novo e póstumo livro, o resultado das reflexões de João sobre a terceira idade de um homem transexual ou transgênero, mas que servem também, e muito, para gays e lésbicas. Em meio à escrita deste livro, João começou a adoecer gravemente. Talvez por isso ele estenda sua reflexão àquilo que a escritora americana Susan Sontag chama de "zona noturna da vida", para a qual todos e todas já nascemos com um passaporte.

Porém, há mais esperança e proposições nessas páginas que dor. João era um homem que equilibrava bem isso na relação com as pessoas. Não escondia as dores e os dissabores que o abatiam e à comunidade LGBT, mas também não deixava de enxergar o arco-íris. Além de a narrativa ser generosa com o leitor, é sedutora.

Insisto em chamá-lo apenas de João neste texto, deixando o W. Nery de lado, porque gosto de me lembrar sempre da intimidade informal que mantínhamos entre nós.

Certa vez, numa conversa em Brasília, depois de um daqueles momentos em que o silêncio se impõe por falta de mais assunto, João me olhou fixamente — seus olhos bonitos — e me disse: "Sabe, menino, eu gosto de você como se fosse um filho. Mais que um pai, eu sinto como se fosse uma mistura de pai e mãe, porque você desperta mais o meu instinto materno, se é que isso existe, do que o paterno". Eu não disse nada. Apenas o abracei demorado. E lhe agradeci.

João, qualquer que seja seu outro nível de vínculo com o espaço-tempo, saiba que há aqui alguém muito grato por tudo que você fez, por tudo que você durou e por tudo que você deixou em mim.

Boa leitura, gente!

Velhice

Inimiga evidente e soturna, que não nos larga o braço nem por
   um segundo.
Com saltitantes choques,
minas a ingênua crença de sermos exceção (ilusória
   mortalidade).

Poderias caminhar comigo, lado a lado,
Mas por que teimas em mim? Na minha carne?
Por dentro dos meus ossos?
Despegue-se-me um só instante,
para eu me atrasar na juventude!

Bruma geral que a todos cobre.
Que consolo este, de serdes apenas,
o grande álibi para as nossas mazelas?
Que química do horror destilas na pele criando outro rosto?
(Que rosto tínhamos, quando não sabíamos?)

És cruel. Não caminhas tão lenta quanto o esquecimento.
Em riste, apontas sempre para o fim,
só por anunciares o início de qualquer transformação.
Que importa? Já não serei eu.
Serei outro — esse eterno desconhecido familiar...
E depois, nem mesmo sei da certeza
desse meu apego a mim, como sou!
Talvez até, ter outro em mim já não importe mais.

Em qual direção me conduzirás?
Para a dos hóspedes, a quem foi apenas concedida
permissão para ainda permanecer na portaria reformada,
ou para a dos usurpados,
pelas ultrajantes gerações subsequentes?

Gostaria de recebê-la docemente, sem pensar.
Envelhecer de tudo no mesmo ritmo das células.
Mas, já que és futuro indesejado e temido,
faz-te atraente e tranquila,
esvazia o sentido dos meus assustamentos,
torna-me sedentário no corpo e na alma,
conciliando assim o ter com o desejar.
Dá-me enfim a ousadia necessária de me ver gargalhar,
com a dentadura a gargalhar dentro do copo.

João W. Nery escreveu esse poema aos 35 anos

Nasci na época certa, a da "juventude transviada". Eram os que se desviavam do rumo "normal". O filme dos "rebeldes sem causa", de 1955, foi aquele que retratou o jovem motoqueiro, de casaco de couro e cigarro no canto da boca como eu, carregando no peito um sentimento de impotência, de dúvidas e de falta de sentido neste mundo pré-formatado. Era uma geração que começava a querer um modelo alternativo de sociedade e que, pouco mais de uma década após o filme, faria acontecer o grande evento sociopolítico-cultural de maio de 1968 mundo afora.

As dúvidas continuam na minha velhice transviada: se sou um transvelho vivendo em um novo mundo ou a releitura de um mundo velho, ou se sou um cara que reinventei meu velho mundo novo. Não tenho mais como acompanhar todas as novidades e digeri-las: a rapidez da robótica, da biotecnologia, dos programinhas para celular ou dos ritmos musicais. Tudo é mais lento e doído, da cabeça aos pés.

Falar da velhice é complicado, sobretudo quando ela é transviada. O segmento transmasculino é considerado relativamente "novo", surgido como categoria visível e política em 2011, após a publicação do meu livro *Viagem solitária: Memórias de um transexual trinta anos depois*, lançado para o grande público no programa de TV *De Frente com Gabi*, da jornalista Marília Gabriela. A maioria até então se via como lésbica masculinizada e desconhecia a possibilidade de se identificar como trans-homem ou não binário.

Muitos, quando terminam a transição e já estão passáveis — ou seja, que passam por "homens" porque já se hormonizaram, têm barba, voz grossa e tiraram as mamas —, somem no mundo. É um tipo de "morte social", renascendo com uma nova vida, com outro nome ou identidade e, de preferência, morando em outra cidade. Só assim se sentem realizados, como se, apenas a partir de então, tivessem o reconhecimento de sua condição humana, sem serem zoados ou perseguidos. Daí minha dificuldade em encontrar os que vivenciaram esse processo há mais tempo e entrevistá-los. A maioria renega até sua condição de trans, o que para mim confirma que a negação, pela sociedade, das transexualidades é também um mecanismo cisnormativo (cis = o oposto de trans).

Já as travestis e mulheres trans, em sua maior parte, não conseguem essa invisibilidade. As que sobrevivem carregam no corpo e por onde passam as marcas físicas de suas jornadas, da negação de seus direitos, da vida impregnada de violência e solidão. Graças às que botaram a cara no sol e se rebelaram contra toda a opressão ao longo das últimas décadas é que hoje avançamos na conquista de alguns direitos.

A população transfeminina enquanto tal — transmulheres e travestis — começou a aparecer no Brasil a partir dos anos 1950, sobretudo no Rio e em São Paulo. Já na década de 1930, tinha surgido no Rio de Janeiro a figura controversa de Madame Satã, de nome João Francisco dos Santos. Ele era malandro, homossexual assumido, fora preso várias vezes e apresentava um comportamento durão e agressivo, diferente do efeminado das travestis e outros homossexuais. Madame Satã é o primeiro caso conhecido de homem que tentou fazer carreira nos palcos como mulher.

Homens vestidos com roupas femininas sempre fizeram muito sucesso no teatro, no cinema e nas revistas, como Oscarito e Grande Otelo, que interpretavam personagens caricatas em chanchadas, arrancando muitas risadas do público. *Les Girls*, em 1964, foi o primeiro show de transformistas no Rio de Janeiro que alcançou sucesso internacional. Começaram as aparições artísticas nos poucos teatros que as aceitavam e no trottoir. Mas só no Carnaval eram permitidas pela polícia, como no famoso Baile dos Enxutos e no Gala Gay, no Rio de Janeiro, além dos menos conhecidos na Lapa, na Cinelândia, na Praça Tiradentes e, posteriormente, em Copacabana, particularmente na Galeria Alaska, onde havia muitas boates gays. Fora das festividades de Momo, um "homem" não podia se vestir de mulher, senão seria preso. Bastava ter o cabelo mais comprido ou ser uma figura andrógina que a polícia levava para a delegacia alegando vadiagem ou atentado ao pudor. Na maior parte das vezes, quando detidas, elas tinham que prestar serviços de limpeza e favores sexuais aos policiais para serem soltas.

Ressalto que só se falava em homossexualismo, ainda considerado uma doença mental, assim como as identidades transgêneras, que surgiriam nas décadas seguintes.

As estatísticas provam que as pessoas cisgêneras — aquelas que têm o gênero concordante com sua genitália — a cada ano se tonam mais longevas, vivendo uma velhice com menos sofrimento, usufruindo dos avanços da biotecnologia.

Mas nós, os transgêneros, que não temos nosso gênero assinalado no nascimento, vivemos cada vez menos. São muito poucos os que conseguem chegar à senescência, ou seja, que têm o direito de se tornar senis na idade avançada. Estima-se que a média de vida de uma travesti seja de 35 anos. No Brasil, não há estatísticas oficiais para determinar quantos somos, tanto vivos quanto mortos. Como as nossas vidas são marginais, sofrendo humilhações e violências simbólicas e físicas, considero que quem sobrevive acima dos cinquenta anos já pode ser considerado uma pessoa transvelha.

A ong Transgender Europe (tgeu) registrou no Brasil, de 2008 a 2016, a morte de pelo menos 868 travestis e transexuais. Em números absolutos, o Brasil é o país em que mais se matam trans no mundo, sendo o triplo do segundo colocado, o México. Nesses números não estão contabilizados os que morrem desfigurados (que não dá para identificar) ou as vítimas consideradas como "homem com roupas de mulher" e que, ainda por cima, são enterradas com o nome de registro de nascimento, oposto ao gênero com que se identificam.

A diferença fundamental em relação aos cisgêneros é que morremos, muitas das vezes, pela nossa identidade, pelo que somos. Não só de bala perdida, mas sobretudo de bala bem dirigida. Com frequência, no caso de travestis, a morte é precedida por torturas como chutes, pauladas, empalamento, queimaduras. Depois, os corpos são jogados no lixo, como se quisessem, sobretudo, matar o feminino que há neles.

A "ameaça" que representamos para a sociedade é pelo fato de nos identificarmos com um gênero que desafia os ditames naturalizantes das ciências biológicas. Não escolhemos ao nascer nossa genitália, nem nos limitamos a ela, seja de macho, fêmea ou intersexual. Mas podemos nos tornar pessoas de vários gêneros diferentes, independentemente do que temos entre as pernas ou na nossa genética.

Morremos também socialmente — sem educação acolhedora, sem assistência à saúde especializada, sem chance de moradia, sem abrigos apropriados, sem prisões com alas especiais, sem acesso ao trabalho formal. Na maioria, as escolas são LGBT-fóbicas, da diretora aos funcionários, apoiados por famílias que não querem seus filhos convivendo com "veadinhos" ou "sapatões", com medo de se "contaminarem", como se a sexualidade fosse uma doença contagiosa. Pela discriminação sofrida, acabamos não aguentando e sendo indiretamente expulsos, sem conseguir estudar. Ainda somos "culpados" por ser quem somos — de vítimas, passamos a réus. A maioria das famílias também expulsa seus filhos de casa. E a nós, os transvelhos, quem ajuda? Qual o preço da nossa velhice?

Quem sobrevive a esse extermínio sistemático geralmente apresenta histórico de traumas por abusos sexuais, incluindo estupro corretivo (aquele que é praticado contra lésbicas e transmasculinos para "ensinar" a ser mulher), síndrome do pânico, depressão crônica, automutilação ou tentativas de suicídio.

Neste livro falo o que passei para chegar a ser o transvelho em que me transformei. Também dou voz, através de entrevistas, a outras pessoas transidosas, embora a maioria tenha optado pelo anonimato.

Aproveitei para citar, na abertura dos capítulos da segunda parte, trechos de poesias de jovens transmasculinos que talvez nem cheguem à velhice, e me veem como pai ou avô.

Alguns amigos não responderam à minha solicitação para entrevistá-los. Um deles me disse que estava tudo bem com ele, trabalhando, sem ninguém saber que era trans, numa grande empresa. Quanto aos hormônios, estava tudo direitinho e controlado. E encerrou o e-mail. Outro, de 56 anos, com quem falei por telefone e que transicionou aos 45, foi taxativo:

— Hoje me sinto mais jovem do que nunca, João, com uma disposição que não tinha aos trinta, quando ainda vivia dentro do armário, em depressão. Faço academia, namoro bastante e transo numa boa. Voltei a estudar e nunca fui tão feliz. Nem pensar em falar de velhice!

Com as transfemininas, a minha proposta de entrevista também foi difícil de ser aceita. Como há uma quantidade maior de idosas, pela sua visibilidade, consegui mais depoimentos, mas muitas me negaram até a idade. Elas passam a vida investindo no corpo, para torná-lo belo e sedutor, com hormônios, silicone, cirurgias plásticas. No entanto, quando mais velhas, algumas recorrem a procedimentos para destransicionarem, ou seja, retiram os silicones e passam a se vestir de forma masculina. Optam por esse caminho não porque deixaram de se reconhecer enquanto trans, mas para serem aceitas em outros postos de trabalho, atendimento de saúde ou para terem apoio de algum familiar. E a prostituição, com a idade mais avançada, não é mais uma fonte possível de renda.

As primeiras transidosas que se prontificaram a dar entrevista foram as travestis militantes. A maioria tem pouco estudo e dificuldade em escrever. A solução, de uma forma geral, foi a gravação de alguns interessantes e fortes depoimentos.

No caso daquelas que moram em Belo Horizonte e colaboraram com o projeto, contei com o apoio inestimável do jornalista e fotógrafo Lucas Ávila, que ainda colaborou na transcrição e na leitura dos originais. Além da ajuda prática, Lucas foi um amigo carinhoso que não me deixou abandonar esta missão.

Todo o meu carinho e agradecimento ao meu superespecial amigo e escritor João Silvério Trevisan, que me ajudou na publicação deste livro.

Minha gratidão à minha irmã Solange Bastos, a personagem Van dos meus livros, que esteve a meu lado a vida toda e, mais uma vez, me ajudou como jornalista e escritora.

Neste momento tão frágil da minha vida, quero agradecer à minha família, particularmente a meu filho Yan, que tem estado presente em todos os momentos da minha doença. Não teria conseguido escrever este livro sem tanta gente querida à minha volta.

Por fim, meu eterno amor e gratidão a Sheila Salewski, a personagem Sandra, minha companheira inseparável há 22 anos, na vida e na militância.

O autor
Outubro de 2018

Parte I

Parte I

1. Quem era eu

Ela despraticava as normas.

Manoel de Barros, *Memórias inventadas*

Nasci num domingo de Carnaval, antes de o dia clarear. Deve ser por isso que desde então vivi fantasiado.

O fato de ser transexual atravessou minha vida como um corte oblíquo. Da mais tenra infância até a velhice não fui poupado. Fui carimbado como um ser estranho e, quem sabe, perigoso e contaminador, quando aos sete anos ouvi meu tio sussurrar para minha tia:

— Não deixe Joana dormir sozinha no sofá-cama com a nossa filha...

A delação estava na roupa, no meu jeito de andar, na minha coragem e ousadia excessivas para uma menina, quando todos esperavam recato e polidez. Fui perseguido e humilhado nos ambientes estudantil, familiar e profissional. Era sempre confundido e tachado com o que nunca fui: um sapatão.

Não nego ter estado confuso quanto aos direitos que podia ter ou querer do tratamento dos outros. Nem mesmo sabia quem eu era. A única certeza era estar num mundo estigmatizado, como se tivesse nascido num tempo errado, em que tudo já estava predeterminado, moldado, sem espaço para que, numa terra propícia, meu fruto pudesse germinar, autêntico. Não me permitiam ser diferente, sem rótulos. Exigiam que "meus modos" fossem apropriados para explicar o ser inominável que eu era. Fui caminhando aos trancos e barrancos, atravessando barreiras com uma ingenuidade tão espontânea que, a princípio, nem percebia direito os carões, os afastamentos e as reprovações. Elas vinham dos colegas e funcionários da escola, dos garotos da pracinha onde brincava e da própria família. Não me sentia protegido por ninguém nem por nenhuma entidade espiritual. Não fui batizado, não fiz primeira comunhão e não assistia às aulas de religião no colégio. Gostava de ficar zanzando pelos corredores, livre de mais uma obrigação; a noção de pecado nem passava pela minha cabeça, sem pesos para carregar. Não me sentia culpado, apenas incompreendido.

A única certeza era a de não querer crescer. Ser um eterno Peter Pan. Voar para a Terra do Nunca, sem ter que representar uma menina e, mais tarde — ai, meu deus! — uma mocinha e, depois, mulher! Futuro temido e farejado como inevitável. A princípio me identifiquei com o Pinóquio, meu preferido, já que seu desejo era o mesmo que o meu: se tornar um menino de carne e osso. Depois com o Patinho Feio, que continha um cisne que ninguém via. Lembro que, mais tarde, conheci uma travesti que também chorava rios quando a mãe lia esse conto.

Na infância e na adolescência li pouco. Era agitado demais para ficar sentado muito tempo. A ansiedade me consumia, e eu focava nos esportes para melhorar meu corpo. O primeiro livro que me deixou acordado até de madrugada foi sobre um ladrão, Arsène Lupin, de Maurice Leblanc. Em *Caçadas de Pedrinho*, de Monteiro Lobato, fui pego pela aventura e pela identificação, por ser um menino corajoso; em *O saci*, do mesmo autor, pela magia do sobrenatural, pela falta de uma parte do corpo, pela deficiência, como me via na infância. E quem acabou devorando a coleção inteira foi Van, minha irmã caçula, com oito anos.

Aos catorze anos eu era um criançola. Queria era jogar bola de gude na praça com os garotos. Brincar significava ser totalmente tomado por uma ludicidade, quando as regras não tinham nada a ver com as da brutal realidade. Até hoje me fascinam os jogos. Tinha horror só de pensar na cobrança de ter que namorar, casar ou tudo que implicasse ser obrigatório com rapazes. Nem sequer tinha conseguido ser tocado, beijado na boca por alguma garota por quem me apaixonei. Nem a própria masturbação eu experimentara.

Tendo três irmãs e me limitado basicamente ao quintal da minha casa, só havia visto pênis em livro. Mais tarde, descobri o buraco da fechadura do banheiro. Vi, revezando com Van, rapidamente, o do meu pai, enquanto tomava banho com minha mãe. Foi um choque. O primeiro que realmente olhei de perto foi o do meu primo. Ele era três anos mais novo e meu companheiro de brincadeiras. Certo dia o peguei lendo revistinha de sacanagem no seu quarto, enquanto batia uma punheta. Assustou-se e parou. Sentei-me ao seu lado e implorei:

— Deixa eu ver também. Será um segredo só nosso.

Naquela época, só existiam as revistinhas do Carlos Zéfiro, para leitores adolescentes cheios de espinhas e excitação, como também para homens de outras faixas etárias. Num ímpeto de coragem e muito mais de curiosidade, pedi para segurar seu pênis e continuar a punheta. Por um momento, tive a sensação de estar batendo em mim: a textura, a temperatura, a rigidez, tudo que havia sonhado e desejado. Não me excitei. Senti uma confusão misturada com satisfação, inveja e tristeza, quando despenquei na real. Mesmo sem ejaculação, agora conhecia como era um orgasmo peniano, para comparar com o meu e simulá-lo. Por volta dos três anos eu já era um menino. Mas só eu sabia. Com certeza, aquele pedaço de carne teria facilitado minha vida para ser compreendido como tal. Hoje, transvelho, sei que não foi isso que me fez homem para mim e para os outros.

Esse episódio marcante nunca mais se repetiu. Mesmo sabendo que ele escondia as revistinhas em cima do alto armário e que eu podia ter acesso a elas quando quisesse, sempre o fiz sozinho. Embora me excitasse, nunca me masturbei. Acredito que por não ser da forma ali desenhada e a que eu realmente queria. Minha primeira masturbação só aconteceria aos dezessete anos, dormindo, como numa descoberta por acaso, quando levei a mão à genitália, guiado por um sonho erótico, e acordei gozando. Foi uma sensação única e que não parou mais. Mais tarde, no meu consultório como psicólogo, usava as fantasias masturbatórias dos clientes como parâmetros fidedignos para entender a sexualidade de uma pessoa.

Não me lembro de sentir ojeriza ao meu sexo, mas só o tocava no banho por causa da higiene. Nada me atraía nele. Nem sequer o examinava para saber direito como era. Bastava estar ali para já me comprometer no que eu nunca fui: uma menina. Era a prova que só "desprovava" o que eu era.

Durante a ditadura militar, já com meu pai no exílio no Uruguai, conheci Darcy Ribeiro. Ele me trouxe os antropólogos culturalistas da década de 1960. Fui descobrindo que o complexo de Édipo não era universal, como evidenciavam os estudos dos comportamentos dos povos primitivos. Em cada tribo, existiam expressões de gênero diferentes. Não se podia "essencializar" as condutas sexuais humanas, nem mesmo o "indiscutível" instinto materno ou mesmo as várias conotações do que é ser velho.

O tempo foi passando no meu desajeito adolescente. As saias caindo, a maquiagem borrando, as cólicas da "monstruação" ignoradas e os socos na parede viraram os murros que dava no mundo, extravasando uma realidade negada ao meu redor. A impotência me dominava fosse para mudar meu corpo, para me defender das acusações do tal "pecado original", por não ter passado pela pia batismal ou nos momentos intensos das precoces paixões por meninas, sempre unilaterais e irreveladas.

Por mais que olhasse minhas irmãs e as admirasse, não conseguia entender o que tinha de bom em ser mulher. Como elas conseguiam?

Ainda aos catorze anos acompanhei uma delas à casa de uma amiga, Áurea, que aniversariava. Não a conhecia, embora fosse uma reunião só para os íntimos. Ela completava 24 anos e estava terminando o curso de História.

Me apoiava em pé, sozinho, encostado num canto de parede, observando, como de costume, os ambientes estranhos. Ao ser apresentado à dona da festa, como irmã da sua amiga, ela apertou forte a minha mão e, sem largá-la, deu um breque, deixando escapar:

— Mas que olhos lindos e pestanudos você tem! — Evidente que percebera o meu "desengojeito" masculino e desconfortável. Senti, pela primeira vez, que tinha encantado alguém com a minha figura.

Ela era alegre, tocava violão, cantava com os amigos, e depois de dar a primeira fatia do bolo para uma "amiga especial", me levou para um canto da varanda. Engrenamos uma conversa esclarecedora e uma das mais marcantes que tive.

— Você já ouviu falar na palavra homossexual?

Diante da minha negativa, explicou-me de forma simples e amorosa, mas deixando explícito que se tratava de algo proibido e que a sociedade reprovava. Foi aliviante poder falar um pouco de mim, embora não soubesse direito ainda o que dizer. Colocou-se disponível para quando me sentisse confuso ou angustiado, que eu a procurasse para trocarmos ideias.

Ao me despedir, presenteou-me com dois livros, mas antes recomendou:

— Comece pelo *Pequeno príncipe* e depois *O poço da solidão*. Os dois falam sobre o amor, mas é no segundo que, talvez, você encontre respostas para as suas dúvidas.

Na mesma noite, acendi a luz da cabeceira do meu quarto. Por ser fino, acatei sua sugestão, lendo primeiro *O pequeno príncipe*.

A surpresa foi ter ficado apaixonado pela delicadeza, ingenuidade e amorosidade da raposa, da flor e dos planetinhas. Os desenhos me encantaram por serem criativos, simples e diferentes. Frases do livro como: "É preciso que suporte duas ou três larvas se quiser conhecer as borboletas" me deram esperança de mudanças; "Só se vê bem com o coração, o essencial é invisível aos olhos" fez-me concluir que teria que ser muito amado para poder ser compreendido. Esse era um dos xises da questão. Como conseguir conquistar alguém sendo tão esquisito, chocante e repulsivo onde quer que eu chegasse? A princípio, levei muito a sério a célebre frase "Tu te tornas eternamente responsável por aquilo que cativas". Com o tempo fui achando uma furada ter que ser responsável por alguém que se apega a você e que você não está a fim. A palavra "eternamente" também me incomodou pelo absolutismo e pela imutabilidade. E a culpa que poderia advir pela não correspondência? Acabei tirando-o da minha cabeceira.

Mas o livro ampliou meus horizontes. Consegui imaginar meus pais completamente diferentes. Ele, um militar nascido num engenho de açúcar no interior de Alagoas, tornando-se um desmunhecado bem bichona. Mamãe, aquele exemplo de profes-

30

sora impoluta e regrada, virando hippie e fumando baseado. Esses exercícios de flexões valorativas me fizeram um bem enorme, e, quando podia, eu os aplicava. Questionar o mundo à minha volta como não sendo único, rígido e cheio de cagação de regras foi de um alívio libertador.

2. O poço da solidão

Mesmo na descida, o salto do cavalo é ascendente.

João Guimarães Rosa, *Ave, palavra*

Stephen nasceu em berço de ouro. Moravam numa magnífica propriedade rural em Malvern, no interior da Inglaterra. A mansão era em estilo georgiano, de tijolos vermelhos, perto das montanhas, com ótimas sebes, prados perfumados e bastante água. Bifurcavam-se dois lagos com cisnes e, ao fundo, uma grande estrebaria.

Foram precisos dez anos de espera do apaixonado casal Gordon para que Lady Anna engravidasse.

Como no meu caso, os pais esperavam um menino e escolheram o nome de Stephen porque admiravam a galhardia de santo Estêvão. A certeza era tanta que, pouco antes de parir, ela afirmou com convicção:

— Pois que venha esse homenzinho, com a luz das estrelas nos olhos e com a coragem dum leão no peito.

Seu espírito se fortalecia quando o bebê mexia forte em sua barriga, dando-lhe mais certeza de que ali se escondia um garotinho. Tão agradecida ficou Anna a Deus que convenceu o marido a frequentar a igreja e ajudar os pobres. Na véspera do Natal, deu à luz "uma insofrida pequerrucha de flancos estreitos e de ombros largos, que se pôs a gelar durante três horas consecutivas, como se se sentisse ultrajada pelo fato de ter sido posta neste mundo".

A mãe amamentava enlutada.

O pai continuava a chamar a filha de Stephen, que era a sua cara, como um hábito de meses. Para não criar caso com o estranhamento do vigário, acrescentou nomes femininos. A criança foi batizada como Stephen Mary Olivia Gertrude, o que nada adiantou, porque foi a vida toda tratada como Stephen.

Desde pequena manifestou uma índole rebelde, quando, aparentemente, nada deveria lhe dar motivos para tais repentes. Se não era atendida, chorava. A mãe tentava conversar com uma voz macia, mas a filha nada dizia, percebendo o olhar frio que recaía sobre ela.

Lady Anna nunca mais engravidou. Stephen teve que aprender sozinha a enfrentar tudo que lhe era estranho à sua volta, do que não gostava, mesmo sem entender direito o que acontecia. Às vezes, chegava à cozinha fantasiada de almirante Nelson, causando um grande alvoroço. A empregada chamava a tutora:

— Venha ver, sra. Collins! A srta. Stephen não parece mesmo um rapazinho? Acho que ela, com esses ombros, com essas pernas desembaraçadas, é mesmo um garoto!

E Stephen imediatamente respondia:

— Pois claro que sou um rapaz. Sou Nelson, quando menino, e estou dizendo: Medo? Que vem a ser isso? Olhe, Collins, quer saber duma coisa? Eu acho que sou mesmo menino, porque me acho, me sinto realmente garoto. Não pareço o jovem Nelson do quadro lá do primeiro andar?

A mãe, em muitas noites que não conseguia dormir direito, pensava o porquê de ter tido uma filha tão parecida com o marido, uma reprodução dele, mas... defeituosa, mutilada, realmente "falsa". Implicava com a maneira de a filha andar ou estar parada. Ao mesmo tempo, se culpava por não conseguir aceitá-la, tão grandalhona e desajeitada, como um adversário das trevas.

O pai parecia ser o único a compreendê-la, mas morreu quando ela era ainda jovem. Com ele, ela conversava. Sentia-se amada. Quando criança ele a convidava para participar das caçadas à raposa. Era quando lhe permitiam usar calças de montaria. Sentava-se na sela como um homem e não de silhão, de lado, como faziam as mulheres. Por essa conduta era alvo de risinhos disfarçados dos amigos do pai e dos empregados.

Tive oportunidade ainda de ver, no século XX, minha avó paterna manter essa tradição de montaria feminina no Nordeste. Mais velha, foi renegada como filha e expulsa de casa quando a mãe descobriu uma carta dirigida a seu grande amor:

— Eu preferia te ter morta a meus pés do que em pé assim, diante de mim, com essa coisa sobre ti, esse inominável ultraje que chamas de amor nessa carta. — E continuou: — Eu te vejo como um flagelo. Pergunto-me o que teria feito eu para ser atirada assim nas profundezas por minha filha. Tiveste o desplante de empregar a palavra amor em conexão com isso... com a luxúria do teu corpo. Ousaste dar a esses apelos da tua mente desequilibrada e do teu corpo sem disciplina o nome de amor.

Concluiu dizendo que, doravante, não poderiam mais viver juntas na mesma casa, porque ela poderia sentir um asco crescente da filha.

Stephen foi a primeira pessoa que conheci que se parecia comigo. Sentia-se um menino e, mais tarde, um homem. Rebelava-se contra tudo que queriam lhe impor para ter mais graça e suavidade feminina.

Como eu, exigia bolsos nos vestidos e, já adulta, suas roupas íntimas eram masculinas. A diferença básica entre nós é que ela era muito rica, com vários empregados, mordomias e uma tutora para instruí-la. Mas parece que pouco lhe adiantou tanto dinheiro. Meu encontro com Stephen foi real pela brutal força de identificação, retalhando dúvidas em reveladoras descobertas. Reforçou a clareza da minha impotência para transpor o muro ilegal e proibido. Ela me ajudou a destapar meu poço, ao mergulhar inteiro nesse fosso escuro, profundo, que nenhum trampolim até então tinha conseguido me alçar com tanto ímpeto. Aos poucos, a névoa que encobria o mistério do meu ser foi se dissipando. Vislumbrei a emoção de que não estaria completamente sozinho neste mundo. Deveria ter outros, que também não se enquadravam num gênero pré-moldado, embora ainda não conhecesse alguém como eu.

Graças ao presente da Áurea, amiga da minha irmã, pude ter acesso a esse volumoso *Poço da solidão*, de autoria de Marguerite Radclyffe Hall, uma inglesa que morreu sete anos antes de eu nascer. O livro fora publicado em 1928 e causara um grande escândalo. Sua venda foi proibida na Inglaterra e nos Estados Unidos, mas, graças a escritores na defesa de seus direitos, conseguiram que um tribunal norte-americano liberasse a circulação da obra.

Foi como se ela tivesse escrito o livro para mim, para as futuras pessoas trans, prevendo que fossem viver o mesmo drama da protagonista. E também, deve-se incluir, para as várias mulheres cisgêneras, que se vestiam de homem para poder trabalhar, para não serem violentadas como algumas escravas ou para poderem se casar com seus amores.

Passei quase toda a leitura sem conseguir ver a superfície do poço chegar. Quando visualizava alguma luz, alguma pequena alegria da protagonista, em seguida era logo ceifada, desnudando-

-lhe o pecado, o ridículo, a humilhação ou a doença. Stephen mostrou-me que era possível existir alguém como eu. Entretanto, me superou em coragem, pois enfrentou a opressão e o conservadorismo do século XIX. Era obrigada a usar vestidos compridos, laços de fita, corpetes e tudo que se esperava de uma mulher. A história é descrita como um caso de homossexualidade feminina, mas, com certeza, se fosse hoje, seria tratada como um transmasculino. Apesar de rica, de conseguir finalmente um amor depois de tantos desencontros, não pôde oferecer nenhuma segurança àquela relação. Teve sorte, como eu, de ter um físico longilíneo, alto, magro, com pequenos seios e ombros largos, o que facilitou a semelhança com uma figura masculina, embora as crises corporais não tenham sido detalhadas no livro.

O que ficou evidente foi a sua rebeldia em relação a roupas e costumes, abrindo uma verdadeira guerra contra as imposições femininas, por não se sentir uma mulher. Por coincidência, ela também se tornou uma escritora. Só que de sucesso. Sou grato a ela por ter criado em mim a necessidade de, dezessete anos depois, escrever *Erro de pessoa: Joana ou João?*, enquanto me recuperava das cirurgias. Precisava registrar para o mundo o que se passava comigo, também tão sozinho, cerceado e visto como ela — um invertido. E consegui.

3. Primeiros contatos com idosos

Somos um incômodo para todo mundo, e a
idade nos transforma em ornamento.
Jean-Paul Sartre

Foi com sete anos a primeira vez que me liguei na velhice. Íamos viajar ao Nordeste para conhecer meus avós paternos, que tinham nascido no final do século XIX e que moravam no interior de Pernambuco.

Mamãe enumerou uma série de recomendações, mas, dentre todas, a mais marcante foi:

— Seu avô não gosta de ser chamado de vovô. Ele tem horror de ser visto como velho. Ele pinta o cabelo e é tratado pelos netos como "Papai Nery". E sua avó quer que a chamem de "Mamãe Nossa", embora ela não ligue para a idade.

Lembrei-me, imediatamente, do grande cartão de Natal que havia acabado de chegar. Era uma foto dele meio de lado, montado em seu cavalo, em seu terno de linho branco e chapéu-panamá. Embaixo, lia-se: "Feliz Natal e próspero ano-novo".

Mamãe, ao abrir o envelope, tinha esboçado um sorriso e comentara:

— Mas este meu sogro é muito vaidoso mesmo.

Meu primeiro contato com a religião também se deu nessa visita. Entre as recomendações listadas por mamãe, estava a de que, quando sentássemos à mesa, esperássemos antes de comer, que minha avó iria "dar a graça". Era uma batista devota, frequentava os cultos aos domingos e tínhamos que acompanhá-la à igreja e cantar os hinos. Tudo muito estranho para quem desconhecia totalmente a liturgia.

Quis saber mais histórias desse "avô" tão diferente e admirado pelos filhos. Descobri que, na década de 1930, Papai Nery era chamado de "Major" pelos empregados e por seus correligionários — patente comprada da Guarda Nacional, comum entre os grandes proprietários de terra na época — e que foi juiz de uma cidade vizinha, sem nunca ter feito Direito.

Em sua fazenda, fabricava queijo e manteiga e vendia na feira, mas o selo do imposto ficava no bolso do empregado, porque a gordura não deixava grudá-lo. Um dia, o fiscal passou e exigiu:

— No próximo domingo, não quero desculpas. Quero ver os selos nos queijos, senão prenderei seu patrão, os queijos e quem estiver com eles.

O Major respondeu à ameaça com um bilhete para o fiscal:

— O selo continuará no bolso e qualquer discordância esteja desafiado para um duelo na vila vizinha daqui.

No dia marcado, meu avô montou em seu cavalo, pegou sua bengala de junco que quando aberta era um punhal e foi em direção ao vilarejo. Como num filme de faroeste, à medida que ele entrava na cidade, as janelas se fechavam. Só uma farmácia permaneceu aberta. O Major Nery apeou e amarrou as rédeas na balaustrada.

Entrou na farmácia e, inesperadamente, encontrou o fiscal lá dentro. Intimou-o a sair para se enfrentarem na rua de terra. O duelo se resumiu num espancamento, com a bengala fechada, no representante da Justiça. O farmacêutico limpou as escoriações do fiscal com éter, deu-lhe para beber um tônico, disse que não custava nada e retirou-se.

O resultado foi uma sindicância policial e processo por desacato e agressão à autoridade.

No tribunal, o juiz, ao ver meu avô entrar como réu, exclamou:
— Major Nery, meu amigo de Panelas há trinta anos! Está encerrada a sessão e estão todos convidados para uma buchada no bar do Zé Aroeira.

A grande guinada da sua vida foi quando resolveu desobedecer a seu pai e enfrentar os petulantes irmãos Caiana, famosos como ladrões de cavalo, considerados por todos os maiores bandidos da região. Os criminosos anunciavam com bastante antecedência o dia e a hora dos saques, habituados a não encontrarem resistência. O major decidiu que seria melhor não ceder às exigências para não virar freguês deles. Resolveu então enfrentá-los, mas antes aliciou cinco parentes, que moravam na vila, e um olheiro.

A manhã estava ensolarada quando o vigilante, oculto pelo cipoal que ladeava a estrada, meio trêmulo, viu os quatro. Esperou que se afastassem uns duzentos metros e deu o primeiro tiro com a espingarda carregada. Os bandidos aceleraram o galope em direção à vila, com suas carabinas papo-amarelo .44. Perto da fazenda, o irmão Caiana mais velho recebeu uma bala no peito. Seu irmão saltou para socorrê-lo e foi fulminado. No chão, fez-se uma cruz formada pelos dois corpos. Os outros dois conseguiram fugir, sendo que um se escondeu na mata e o outro no rabo do açude. Este teve uma violenta luta corporal e ficou gravemente ferido. O da mata não foi encontrado. O Major Nery abandonou a perseguição e retornou à vila.

Os dois foram sepultados na mesma cova, o mais distante possível dos mortos que tinham residido na vila. O padre, informado do acontecido, foi sucinto ao encomendar os corpos:

— Que Deus Todo-Poderoso na Sua Santa Bondade os tenha onde eles merecem pelo que praticaram na Terra. Amém.

Após o enterro, o sino da igreja tocou por vinte minutos, convocando a população para a missa de ação de graças, pelo fato de nenhum morador ter sido ferido. Esses crimes nunca foram apurados, mas obrigaram meu avô a fugir com a família para outro estado.

Aos poucos, sua vida foi se refazendo. Por dois anos foi administrador de fazenda de gado, com salário e participação na produção. Juntou suas economias, somadas às que trouxera, e comprou terras onde colocou o gado recebido como parte do pagamento.

Meu avô era de porte mediano, forte, orgulhoso, criativo e construiu um gerador ainda na década de 1920, quando morava em um engenho de açúcar no interior de Alagoas, onde nasceram seus sete filhos. Quando viajamos para conhecê-lo, ele já devia ter um pouco mais de sessenta anos, o que era considerado muito velho naquela época, e havia sido eleito prefeito da cidade. Em frente à fazenda havia um campo de aviação que ele havia mandado construir, muitos anos antes, só para meu pai pousar quando fosse visitá-lo. A exigência dele era só uma: que seu filho desembarcasse fardado. Dito e feito: quando pousou o pequeno monomotor com o filho do Major, as crianças rasparam com a unha a fuselagem do avião que tinha andado no céu. O feito foi eternizado em literatura de cordel e lembrado décadas depois.

Dessa vez fomos num avião da FAB até Recife, pilotado por papai, e de lá seguimos de carro. Era um avião de carga, não havia poltronas, e cada um se sentou onde quis. Achei o máximo e pude também dar uma "pilotadinha", segurando sozinho, por alguns minutos, o manche do avião.

No enterro do meu avô, apareceram mais duas viúvas. Só então soubemos das outras famílias. Morreria aos 74 anos, em um acidente de carro, antes de vivenciar totalmente a tão temida velhice.

Aos quinze anos, fui morar seis meses na casa de uma tia, quando minha mãe conseguiu uma licença no magistério para passar esse tempo com meu pai, que estava exilado no Uruguai. A sogra da minha tia, que morava com ela, era a dona Laura. Embora tivesse sofrido um derrame e mantivesse o lado esquerdo paralisado, conseguia com o apoio de uma bengala arrastar a perna adormecida e andar sozinha. Evitava ao máximo dar trabalho aos outros. Lembro que carregava sempre um lencinho na mão fechada. Nunca perguntei, mas acho que era pelo suor. Era alegre, não reclamava de nada e, eventualmente, conversávamos sobre a velhice. Passava a impressão de que ser velha não era nenhum bicho de sete cabeças. Também nunca a vi se maquiar, pintar o cabelo ou sair para dar um passeio de carro com seu filho. Parece que os velhos daquela época eram mais caseiros, além de serem em menor número. O fato é que se vivia menos e se viam menos idosos na rua.

Dona Alexandrina era a velha misteriosa da minha infância e adolescência. Vez por outra aparecia lá em casa. Suas visitas eram rápidas, com pouca conversa. Depois do golpe militar, andou desaparecida por um tempo. Mais tarde é que fui entender que ela vinha para pegar uma contribuição para o Partido Comunista. Era baixinha, gordinha, com uns óculos redondos fundo de garrafa e parecia ser muito culta, pelo tanto que viajava e lia. Pouco sabia da sua vida pessoal. Somente que era viúva e professora aposentada. Tinha um irmão desempregado e tuberculoso. Morava com uma sobrinha perfilhada e já deixava transparecer uma simpatia pelo feminismo. Nas nossas conversas ela me tratava como se eu fosse mais velho, e chegamos a trocar algumas ideias sobre a velhice. Naquela época, ela já falava da grande quantidade de cirurgias plásticas que as mulheres andavam fazendo, como se ser jovem fosse um dever de todos. Visionária, percebia o quanto lucrava a sociedade capitalista com esse novo mercado, como também previa um colapso da Previdência no futuro, quando idosos viveriam muito mais tempo.

Aos oito anos, correndo sem parar em volta da mesa oval da sala de jantar, ouvi quando ela comentou com mamãe:

— Essa sua filha, ou... filho, vai longe.

Aos nove, mamãe resolveu então me levar numa psicóloga, sob a alegação de que eu parecia e me comportava como um menino.

O diagnóstico, obviamente, não foi de trans, porque ninguém conhecia esse rótulo, mas ela foi sensata quando sugeriu que não me forçassem a usar roupas femininas. Mas como, se até na escola o uniforme era de saia?

4. Recordações de mamãe

O amor é invencível nas batalhas.

Sófocles

Vim ao mundo porque minha mãe desejava voar. Talvez, por isso, ela nunca tenha cortado as asas do meu sonho. Acabou casando com um aviador, o que comprovou sua coragem diante dos imprevistos. Matar barata era uma brincadeira. Em casa, sem marido no dia a dia, com quatro filhos pequenos e trabalhando fora como professora primária, mamãe não adiava nada. Tudo tinha horário e a palavra *depois* não existia. Assim fui criado. Embora bonita na juventude, nunca teve a vaidade como marca. Era exigente com o trabalho bem-feito e uma amante dos livros e das artes.

Não me sentia menos amado pelas repreensões que recebia dela em função da minha inadequação aos padrões femininos. Ela também não falava futilidades, nem estava preocupada em casar as filhas. Vez por outra sentava-se ao piano, e era quando eu mais me enternecia. Tirava qualquer música de ouvido e tocava suave e profundo no meu coração.

Na adolescência, para melhorar meu corpo e sem a existência de academias, escolhi como esporte os saltos ornamentais. Ela fazia questão de comparecer às competições para assistir eu me jogar de dez metros de altura. Orgulhava-se da minha coragem e me aplaudia mesmo quando eu não ganhava o campeonato.

Quando aos 22 anos saí de casa para morar com a mulher que amava, ela carregou papai para nos visitar e nos levou um presente. Aos 26 anos escrevi-lhe uma carta contando dos meus planos de fazer a transição. Seria com uma equipe séria, e solicitei o seu comparecimento ao psiquiatra que havia conseguido em São Paulo, o único capaz de dar um laudo de que eu era transexual. Cumpriria assim a exigência do cirurgião para a operação ainda ilegal de "mudança de sexo", como se chamava na época. Ela não se negou a ir. Porém, a preocupação com um possível arrependimento meu, ocasionando o pior, não a abandonou. Afinal nunca tinha ouvido falar nesse assunto. E não podia mesmo, pois fui o primeiro a mudar para o gênero masculino, pelo menos, ao que se tem notícia neste país. Viajou carregada de fotos minhas de biquíni e vestidos, decidida a convencer o doutor de que aquilo era uma loucura.

Logo depois nos encontramos no Rio na casa da minha irmã mais velha. Pela primeira vez, sentei-me no seu colo e desaguei toda a minha dor: da incompreensão, da perseguição, da mentira que me obrigavam a viver, do monstro que me tornara para todos, por não me sentir uma mulher. No dia seguinte, minha irmã me telefonou, comunicando que mamãe havia escrito uma carta para o psiquiatra pedindo o laudo favorável. Essa era minha mãe, simplesmente nos amava, me proporcionando a primeira grande virada na minha vida.

A segunda virada foi após as cirurgias. Vi-me obrigado a tirar uma nova documentação, agora masculina, para poder trabalhar.

Porém não foi por meio de um processo judicial porque, naquela época ditatorial, nenhum juiz daria uma sentença favorável. Fui a um cartório com um casal amigo como testemunhas, alegando ter dezoito anos (quando estava com 27), para servir nas Forças Armadas. Como consequência, perdi meu diploma de psicólogo e professor, me tornando um analfabeto. Na certidão só constou o nome de mamãe, pois papai não havia me registrado, como seria obrigatório. Como na certidão eu fiquei com dezoito anos, ela aceitou me emancipar, o que me possibilitou tirar o restante da documentação.

Apesar das mais variadas profissões sem currículo que arranjei, deixei de ser um intelectual para me tornar uma espécie de prestador de serviços: o que contava era a habilidade de consertar, construir ou vender. Mamãe me contratava como pintor e pedreiro para consertar seu sítio, comprou alguns anéis de aço e prata que eu vendia, aos oitenta anos foi minha aluna de computador para poder usar a internet e minha cliente na massagem shiatsu. Sempre me estimulando e fazendo questão de me pagar.

Permaneci por trinta anos nessa situação, fazendo bicos para sobreviver. A mudança se deu em 2011, aos 61 anos, quando após um infarto e meus crimes prescritos, publiquei *Viagem solitária: Memórias de um transexual trinta anos depois*. Só então pude sair do armário e me tornar um ativista dos direitos humanos. Mamãe chegou a ler meu livro e comentou, emocionada, os múltiplos detalhes que desconhecia. Papai apenas bateu os olhos em alguns capítulos.

Ela voltou a estudar piano e eu, a estudar sexualidade e gênero. Fui convidado a dar cursos, palestras em congressos, mas já de bengala e com algumas próteses.

Três anos depois, em 9 de dezembro de 2014, minha vida deu a terceira guinada. Amanhecia quando o telefone tocou. Minha irmã me avisava que mamãe tinha tido um AVC. Ficou, nos seus noventa anos, levemente paralisada do lado esquerdo, mas uma fisioterapia intensiva fez com que voltasse a andar, falar e escrever. "Imbatível", pensei. No entanto, a pressão subiu, o diabetes veio e pequenos AVCs, quase que imperceptíveis, se sucederam.

O antigo relógio da sala, que diariamente recebia corda, parou. O piano emudeceu. Papai vendeu o carro. Os fins de semana no sítio de Teresópolis acabaram. Ela parou as aulas de Pilates na esquina de casa.

Pela falta de memória recente e um desligamento das obrigatoriedades que sempre se impôs, mamãe, com sua personalidade contida e serviçal do mundo, foi-se transmutando numa pessoa menos ansiosa, mais doce e carinhosa. Sem poder comer sal e açúcar, foi perdendo o prazer pela comida, e seu corpinho começou a definhar.

Papai e eu nos sentíamos perdidos. Ele, por ter sido sempre cuidado por ela, embora estivesse bem mais lúcido apesar dos seus 95 anos e ser um pouco esquecido. Eu, por estar perdendo o meu referencial, a pessoa que sempre apostou em mim. Quanto mais debilitada e esquecida, mais terno e falante eu me tornava.

Como éramos quatro filhos, distribuímos as tarefas e resolvemos manter cuidadoras na casa deles para que permanecessem no ambiente a que estavam acostumados.

A casa foi sendo adaptada, sem tapetes, com corrimões de segurança nos banheiros, vasos sanitários mais altos, com apoio e luz para serem usados durante a noite. Mesmo assim, mamãe caiu duas vezes, sem nem conseguir explicar seus hematomas. Em uma das quedas fraturou uma vértebra, o que, felizmente, não atingiu a medula. Precisou ficar acamada dois meses. Vez por outra, aparecia na sala andando e perguntando o porquê de ficar tanto tempo deitada. Não reclamava de nada e estava sempre sorridente e agradecida pelas visitas.

Sentia como se ela quisesse nos preparar, lentamente, para sua morte. Meu olhar estava cada vez mais conformado ao ver sua figura tão débil e que não parecia sofrer. Esse era o meu consolo e o meu alívio. Difícil era acompanhar suas perdas, já que, em cada pequeno derrame, era mais um degrau que ela descia na lucidez e na saúde. Respirava menos, se encurvava mais, com um coração fraco que mal se ouvia bater, aquele que sempre foi equânime e generoso.

Mamãe brilhou anonimamente na vida, sem alarde, sem palco, apenas com as luzes vindas do riso das crianças, que durante décadas alfabetizou em escolas públicas. Ganhou como professora, bibliotecária e depois diretora centenas de fãs infantis.

Quando íamos visitá-la, ainda me olhava, com um olhar cada vez mais opaco e fugaz, através das suas pálpebras pesadas e irregulares. No final, quase não me via mais, nem sabia onde morava. Mas ainda me chamava de "meu filho" — como se fosse a última memória a perecer, o que eu recebia como sua grande declaração de amor e respeito por mim.

Eu já tinha câncer e não sabia — o que nos igualava era a inconsciência de ambos para a morte. Eu a via como um espelho do que ainda poderia ser, se conseguisse chegar aos 93 anos que, hoje sei, não alcançarei. Lembro-me do seu comentário às vésperas do aniversário de sua primogênita: "Nossa! Estou ficando velha, Mariana vai fazer sessenta anos!".

A cada visita semanal, os silêncios aumentavam. Os diálogos relembrando o passado ficaram falhos e depois mudos. Mas chegava agradecido por ainda poder vê-la, tocá-la, ouvir sua voz baixa, alisar seus poucos cabelos ressequidos, esquentar suas mãos de artista, que poucas chances tiveram de se manifestar, devido aos afazeres. As mãos sempre frias e enrugadas fizeram muitas roupas e consertos para os filhos, na velha máquina de costura Singer, com a qual tantas vezes brinquei de dirigir e fazer pipoca, na minha infância.

A mulher-baluarte, ereta, de passos firmes e rápidos, de coerência exemplar, que me amava incondicionalmente, alicerçava-me uma segurança em poder ser eu mesmo e contar sempre com ela. Por que sempre? Se a sabia mortal desde os quinze anos, quando a vi, pela primeira vez, falando incoerências, vindas de uma boca semianestesiada em cima de uma maca de hospital? Foi ali, talvez, que a perdi pela primeira vez como a mulher poderosa e perfeita. E foi então que, vendo sua fragilidade, brotou a minha força.

Madre mia, mamma mia, minha mãe, não importa quem és hoje, que caminhos percorres, que também desconheço. Só não queria que sofresses ao fim da tua jornada. Tiveste o último e grande AVC, que inundou teu cérebro de sangue. Ficaste em estado semicomatoso, recebendo morfina, quando chegaste ao hospital. Não foi o coração fraco que te matou. Entubação, jamais. E a morte te abraçou naquela mesma noite.

Cremada como pediste, foste morar em uma floresta, adubando um cedro que plantei.

5. Papai fez cem anos

Eu agora não sou mais do que uma sombra de mim mesmo.
La Fontaine

Papai foi meu ídolo por muito tempo, como um eterno viajante e um ótimo contador de histórias. Parecia que não sabia ler, pois as contava inventadas na hora. Havia as misturadas com suas histórias verdadeiras, trazidas como uma lembrança mais sentida, acompanhadas de uma "pantomima falante".

Durante a ditadura militar perdeu os direitos civis e políticos por ser, como eu agora, um militante que buscava a justiça social. Como piloto militar, viu a morte cinco vezes, uma das quais assistimos, quando fomos buscá-lo no aeroporto Santos Dumont. Enquanto mamãe estacionava o carro, já podíamos ouvir ao longe as sirenes das ambulâncias, que apitavam na pista, toda branca com uma espuma colocada pelo Corpo de Bombeiros, para evitar incêndios. Um urubu havia se estraçalhado ao entrar na turbina do avião. Outro deve ter travado o trem de pouso. A aeronave teve de pousar "de papo" ou "de barriga", roçando a parte de baixo, com alto risco de provocar faíscas pelo atrito. A ordem era pousar e os passageiros saírem correndo para longe. A máquina poderia pegar fogo no momento do pouso ou logo depois. Eu tremia, do medo, do vento, da impotência.

Foi pioneiro do CAN — Correio Aéreo Nacional —, criado em 1941, inaugurando rotas que alcançavam as várias fronteiras do país, onde não chegava nenhuma outra forma de transporte. O CAN levou cartas e remédios para pequenas cidades às margens do Tocantins, do São Francisco, para Fernando de Noronha, que funcionava como presídio, e na linha de Cáceres, em Mato Grosso. Atendia às populações entregues à própria sorte, inclusive as tribos indígenas, rotas que não eram cobertas pela aviação comercial. As aeronaves eram monomotores com velocidade em torno de 150 quilômetros por hora, sem radar, rádio ou mapas. Nos pousos noturnos, as cabeceiras das pistas eram iluminadas com pequenas fogueiras ou lampiões de querosene da marca Jacaré.

Quando o Brasil entrou na Segunda Guerra Mundial, em 1942, papai patrulhou a costa brasileira, dando cobertura à Marinha, caçando submarinos alemães, que afundavam os nossos navios mercantes e de guerra. Posteriormente, foi condecorado como herói de guerra.

Ainda no começo da década de 1950, ele participou da campanha "O Petróleo É Nosso", atuando junto aos militares nacionalistas reunidos no Clube Militar. Esse apoio foi decisivo para que Getúlio Vargas criasse a Petrobras, pela Lei 2004 de 1952, que se tornou o principal símbolo da defesa do interesse nacional. Todos os primeiros carros oficiais da Petrobras tinham o número 2004 na placa, lembrava mamãe.

Para que se construísse Brasília, durante o governo JK, foi preciso uma missão de localização da futura capital federal. Papai foi o piloto que levou a equipe com vários especialistas, cruzando o Planalto Central. Em 1952 tornou-se piloto civil e, mais tarde, líder sindical, lutando a favor das classes trabalhadoras.

Quando, em 1961, o presidente Jânio Quadros renunciou, o vice João Goulart estava na China. Voltou ao Brasil passando antes pelos Estados Unidos, tendo, inclusive, uma entrevista com o presidente Kennedy, e foi para Montevidéu. Papai, que já era piloto da aviação comercial da Varig, foi o escolhido para buscá-lo na capital uruguaia. Os golpistas chegaram a articular a Operação Mosquito, uma tentativa de setores da Aeronáutica para derrubar o avião com o vice, para que Jango não tomasse posse. Papai voou baixo, o que exigia grande perícia num grande jato, conseguindo não ser captado pelo radar.

Foi por três vezes presidente do Sindicato Nacional dos Aeronautas, presidente da Federação dos Trabalhadores em Transportes Aéreos, Fluviais e Terrestres e diretor da Confederação Nacional do mesmo setor. Mas o que a ditadura mais tinha raiva era da sua participação como membro do Secretariado Político do antigo CGT — Comando Geral dos Trabalhadores —, que representava todas as organizações sindicais sem a tutela do governo.

Quando houve o golpe de 1964, era comandante de jato. Foi cassado, ficando três anos no exílio e, ao voltar clandestinamente, antes da anistia, foi dirigir um táxi. Foi preso e interrogado. Por uma Portaria Sigilosa, a ditadura proibiu-o de voltar a voar. Mais tarde, exerceu a gerência do *Correio da Manhã*, porém a polícia interveio mais uma vez e ele teve que sair do emprego.

No governo Brizola, aceitou o desafiador convite para ser diretor da Escola Santos Dumont, na Ilha do Governador, para meninas infratoras e que pertencia à FEEM — Fundação Estadual de Educação do Menor. Tentou humanizar o ambiente, evitando castigos violentos, mas as tentativas de fuga eram constantes.

Embora nascido num engenho de açúcar no interior de Alagoas em 1918, no final da Primeira Guerra Mundial, conseguiu acompanhar a evolução dos tempos. Aos oitenta anos, tornou-se escritor, publicando cinco livros e substituindo a velha máquina de escrever pelo computador. Ficou maravilhado ao descobrir que não precisava mais de corretor líquido para apagar seus erros e que poderia imprimir o que escrevesse. Pela navegação na internet não se interessou, achou mágico demais para o seu entendimento.

Quanto a mim, papai não me rejeitou. Continuou visitando minha casa e nem uma só vez errou o meu nome. Mas, no seu íntimo, sei que nunca aceitou a minha transição. Continuamos nos respeitando, mas não esqueço o quanto infernizou mamãe por minha causa. Não era à toa que me via obrigado a botar a camisa ao sentar à mesa. Sempre achei que fosse uma exigência dela, mas hoje sei que era ele quem se incomodava. Ele não vinha falar comigo diretamente. Fazia cara feia, e mamãe é quem falava. Não sei se para não se chatear com as "manias dele" ou se ela, de algum modo, também se incomodava.

Não fui o filho querido nem o que ele desejou ter e se orgulhar. O tempo passou, a memória recente acabou e, agora na velhice, não sabe dos meus livros publicados, do meu câncer, nem da minha militância pelos direitos humanos.

Quando ia visitá-los, ambos com mais de noventa anos, já bastante senis, estavam sempre de relógio no pulso. As tarefas passaram a ser marcadas pelos ponteiros, e isso os tranquilizava — proporcionava certa orientação. Se era meio-dia, sabiam que era a hora do almoço. Não se localizavam pelos dias da semana ou do mês.

Ficaram casados por 74 anos. Para ser exato, quando faltavam cinco dias para comemorar esse evento, minha mãe faleceu. O sofrimento dele foi grande, mas as falhas da memória o ajudaram a esquecer mais rapidamente.

Durante as tardes, costumava se sentar na varanda de seu apartamento em Laranjeiras, no Rio de Janeiro. Ficava observando as rotas dos aviões tentando, pelo barulho, adivinhar os seus modelos. Observava as curvas para o pouso, se eram mais fechadas ou abertas, sabendo que quanto mais tempo de voo, maior o salário do piloto.

Apagou da mente o nome dos netos e bisnetos, mas o dos filhos mantém na memória intactos, inclusive me chamando de João. Recentemente me disse que estava morando em São Paulo. Foi preciso levá-lo até a varanda, mostrar a rua, a sua cama, seus objetos mais habituais. Ele, com um resto de lucidez, confessou:

— É, acho que estou confuso...

Um dia contou para minha irmã, com quem tem mais intimidade, que não queria usar, diariamente, o aparelho de surdez. Tinha medo de não saber responder às perguntas que lhe fizessem, era melhor não as ouvir.

Todos os domingos eu e minha mulher íamos almoçar com ele. Suas mãos tremiam, porém nunca quis trocar o garfo pela colher. Comia pouco, mas sem restrições alimentares. Suas taxas são normais, sem diabetes ou colesterol muito alto. Um homem regrado que nunca fumou, só bebia em ocasiões especiais, praticava exercícios capinando seu sítio e nem a sesta tirava. Aos 98 anos ainda frequentava a academia de Pilates perto de casa. Mas passou a ter piques de pressão alta e a batida do coração irregular, tendo indicação para usar marca-passo há alguns anos. "Nem pensar", resolveu minha irmã médica.

Relutou o quanto pôde até que seu corpo, não aguentando mais, teve que se dobrar às exigências da idade avançada. Ele mesmo avisava:

— Enquanto eu reclamar é porque estou vivo, ainda resisto. Quando me calar é porque morri.

Aos poucos, já perto de completar cem anos, passou a necessitar de ajuda para levantar, tomar banho e urinar sentado. Atualmente usa fralda geriátrica, um homem que tinha sido tão independente e orgulhoso.

No dia do seu aniversário de cem anos, uma de minhas irmãs fez um almoço e um bolo com uma vela com três dígitos, que ele fez questão de apagar. Não convidaram a família inteira, por ser numerosa. Muita gente poderia deixá-lo cansado e atordoado. Em alguns momentos, perguntou qual o motivo da comemoração.

— Pai, é seu aniversário, você está fazendo cem anos!

— Cem? Só isso? Quero comemorar é meus 130 — e riu ainda com um ar de moleque.

Vez por outra sua faceta brincalhona ainda se manifesta com os porteiros do prédio ou com as empregadas. Desde a morte de mamãe conseguiu se recuperar de sete pneumonias. Reclama, mas não quer morrer de jeito nenhum. Praticamente não sai mais de casa. Grande parte do tempo cochila no sofá. Aos 99 anos ainda folheava o jornal, mas não conseguia apreender nenhuma notícia. Suspendemos a assinatura. A TV, antes ligada no noticiário, agora só é assistida quando há algum jogo de futebol. Mesmo assim, não sabe quais times estão jogando e se desinteressa rápido, só acordando quando a empregada grita gol. Fica indiferente a quase tudo à sua volta. Acolhe os fatos com uma espécie de apatia morna.

Apesar de vivenciar tão de perto a velhice dos meus pais, nunca me amedrontei com sua proximidade. Tinha internamente a convicção de que não chegaria a ela, pois sabia que desafiar a natureza tem um preço. A dúvida era qual o valor que pagaria, e de que forma seria, se ela chegasse.

6. As primeiras guimbas

Eu não dei por esta mudança,
tão simples, tão certa, tão fácil
— Em que espelho ficou perdida
a minha face?
Cecília Meireles, "Retrato"

Na década de 1930, Hitler proclamava que "mulheres alemãs não fumam". Era uma fonte visível de prazer sensual e um emblema da vida erótica das mulheres, um ato ameaçador e de excitante voyeurismo para os homens.

Na década de 1950, quando nasci, a maioria dos homens fumava em qualquer lugar, aberto ou fechado. Mulheres não deveriam fumar na rua, não "pegava bem". Ofendia os que achavam que seus comportamentos deveriam ser velados. Uma violação pela lente do tabu masculino, que as proibiu durante séculos de ousar fumar na presença de um homem. Era como dar uma baforada de liberdade na sua cara.

Aos seis anos eu já catava guimba acesa no chão do prédio onde morava. Acho que minha atração começou por aí. Transgredir o que determinavam para o feminino. Talvez esse prefixo "trans" tenha sido o marcante no rumo da minha vida. Não só quanto a desconstruir as normas, inclusive as do binarismo de gênero (homem e mulher) e invenção do meu próprio, já que nem a palavra trans existia. Eu não era um menino na aparência, mas também nunca fui uma menina. Daí me tornar um "invertido", como ouvi alguém me chamar um dia — um perturbador da ordem.

Quando tinha sete anos nos mudamos para uma casa ampla, rodeada por um quintal cimentado, com árvores de fícus ao longo do muro e um jardim na frente. Lucinda era a nova empregada. Uma cabocla baixinha como a gente, que só fumava cachimbo no seu quarto. Tinha vários, inclusive um de barro. Eu ficava encantado com aquele ritual "proibido". Ela acomodava tudo numa tampa de requeijão Catupiry, que ainda tinha embalagem de madeira. Originalmente, o fumo bem forte e barato vinha em uma caixa alaranjada.

Sentada na sua cama, ela o acendia, várias vezes, com fósforo, meio de lado, apertando o polegar ou o indicador para comprimir o fumo. Colocava a mão esquerda sob o cotovelo direito para apoiar o braço e soltava longas baforadas, balançando no ar suas pernas curtas e cruzadas. Depois, puxava o penico de debaixo da cama e começava a cuspir. Eu achava o máximo aquela ousadia numa mulher.

Segundo contava minha tia, minha bisavó paterna sempre fumou em casa, até os 87 anos, quando morreu. Eram meados do século XIX, e ela usava uma blusa de manga comprida e uma saia até os pés com um grande bolso, em que guardava um canivete preto marca Corneta, um pedaço de fumo de rolo e um pacotinho de papel de seda. Para acender bastava pegar um tição no fogão. Assim, ela não precisava andar com o bocó, como os trabalhadores da palha da cana, que carregavam o isqueiro na ponta de boi. Era um pedaço de chifre, com um furinho na ponta cheio de algodão bem seco e socado. Para acender fazia-se uma faísca com um pedaço de lima de ferro em uma pedra que se levava junto. Depois era só soprar até a chama levantar para acender o cigarro. Quando adquiriu o vício, ela era muito jovem, como eu, para incluir no seu cardápio de vida precauções para quando, lá na frente, a velhice chegasse.

Meus pais nunca fumaram e tinham horror ao cheiro. Talvez por isso seus quatro filhos tenham, em certa medida, experimentado um pouco do vício, quando bastava proibir para incitar a curiosidade. Aos nove anos, papai chamou a mim e a Van para saber quem estava quebrando os "durma bem" — espiral que se acendia para a fumaça matar os mosquitos — que ele guardava em cima do armário. Gelei, mas não tive coragem de confessar que era eu. Quebrava um pedaço do início, ainda pouco enroscado, enrolava no papel higiênico e fumava. Depois desse "pito", tive que me virar de outro jeito, mas fumei "durma bem" por muito tempo.

Mamãe tinha uma amiga que fumava muito. Eventualmente eu conseguia algum cigarro com ela e o escondia no quarto da Lucinda. Ainda não sabia tragar e tossia muito. Mas era bom fumar escondido, como faziam alguns garotos que conhecia. Transgredir o mundo feminino era o barato.

Quando morei durante um período na casa de uma tia, porque mamãe foi passar uns meses com papai no Uruguai, convivi com uma prima da minha idade. Foi então que tomei coragem e compramos nosso primeiro maço de cigarros: Caporal Amarelinho. Para torná-lo mais fraco, tirava um pouco do fumo, fazia uma bolinha de algodão e introduzia no cigarro. Com filtro, brasileiro, só havia uma marca, e era muito cara.

Geralmente, mulheres que fumavam muito tinham a voz grossa, o que me servia de incentivo. Além disso, com frequência eram os rapazes que acendiam o cigarro das moças, o que me estimulava a carregar fósforos. Mais tarde, surgiram os isqueiros de metal com pavio, que eram abastecidos com fluido de latinha. Havia também as piteiras, de todos os tamanhos. Eram consideradas uma parte essencial da moda feminina de meados da década de 1910 até o início de 1970. Mas isso era mais para as glamourosas, como as que se viam no cinema.

Fui percebendo que os cigarros e o fogo talvez fossem uma das poucas coisas que se podem pedir a um desconhecido, sem acanhamento, e que dificilmente lhe será negada, como numa espécie de "fraternidade tabagista". Os cigarros não são objetos privados, na medida em que podem ser oferecidos e aceitos indiscriminadamente. Além do mais, promovem muitas vezes um profícuo diálogo. Conheci gente que se casou a partir de um simples "acende aqui?".

Outra característica deles é que são voláteis. Acende-se o objeto concreto para terminar em fumaça. Durante as guerras, teve valor de troca, como dinheiro, e os homens sempre tinham direito a uma "ração" maior do que as mulheres. Nas prisões, a mesma coisa. Na adolescência ouvi de uma garota:

— Você fuma com um charme tão viril...

Era tudo o que eu precisava ouvir para me viciar.

Nunca me droguei. Experimentei maconha que, aliás, é perfeita para um cara tão ansioso como eu. A cocaína, muito eventualmente, numa festa para dançar ou para ficar "filosofando" com um amigo, que não me falasse o óbvio. Experimentei meia pílula de LSD (uma figurinha da pantera cor-de-rosa) num réveillon, no sítio de uma amiga, quando subi até em árvore.

Mas era o cigarro que me aliviava das muitas tensões diárias e que foram aumentando com o passar dos anos, sobretudo quando comecei a me vestir de forma unissex. Desde os 22 anos, ao sair de casa para morar com minha namorada, fui transformando minha figura, a ponto de ser confundido com um rapazinho. Bastou cortar mais o cabelo, usar um jeans, blusas largas de xadrez com dois bolsos e abandonar a bolsa em casa, que virei, ao mesmo tempo, um "senhor" para os desconhecidos, embora continuasse uma senhorita para a família, o trabalho e os amigos.

Dava aula fumando nas universidades. Pegava um cigarro toda vez que aquela pausa se fazia necessária para continuar o raciocínio. Hoje já se sabe que a nicotina ajuda na capacidade de concentração. Uma das cadeiras que eu ministrava era sobre "Fenomenologia da percepção". O existencialismo pagão estava no auge, e se falava muito em Sartre e Simone de Beauvoir. Heidegger, um de seus precursores, fazia uma comparação entre ansiedade e medo: a primeira se caracterizava por um sentimento de objeto indefinido, por algo que não se "sabe" ao certo; a segunda, ao contrário, pela fuga de algo bem definível.

Atualmente ainda vivo em eterna prontidão, com excessivo alerta e controle. Comecei com a ameaça dos meus próprios documentos legais, que não condiziam com a minha imagem — como provar que eram meus? Não podia sofrer acidentes, por que em qual enfermaria me botariam? Nem me meter em brigas ou confusões, mesmo que tivesse razão, porque poderia parar numa delegacia e não existia a de mulheres, nem a Lei Maria da Penha. E se fosse preso nas passeatas durante a ditadura militar? Iria ser enviado para um presídio feminino, que continuam até hoje sem ala para a população LGBT. Com a nova documentação masculina, que fui obrigado a tirar ilegalmente para poder trabalhar, a confusão continuou em outro nível.

Quando tive que me internar no hospital fui para a ala masculina, enfrentando o total desconhecimento dos profissionais de saúde sobre como tratar meu corpo. Acho que para eles era um eunuco mastectomizado — um ET ciborgue, por ter oito próteses no corpo.

Fumar não era somente um ato físico, mas também um ato discursivo, político — uma forma silenciosa, rebelde e expressiva que, na atualidade, se transformou numa "obscenidade", uma questão de saúde pública. A intensificação de ataques contra o fumo nas últimas décadas gerou uma onda que despertou medos irracionais e impulsos excessivamente repressores. Todos sabemos que o fumo faz mal à saúde, assim como várias outras coisas que consumimos vinte vezes por dia. Meu objetivo não é fazer apologia do fumo. Mas alertar para desmistificar o que há por trás dessa máscara do diabo concentrada nos cigarros.

Durante décadas, a indústria do tabaco, apoiada em maciça propaganda inclusive da indústria cinematográfica, glamorizou o cigarro. Em seguida, ao ser estabelecida a correlação entre fumo e câncer, os seguros de saúde passaram, por causa de seus gastos, a demonizá-lo. À diminuição do tabagismo correspondeu o aumento da obesidade — hoje problema de saúde pública —, caucionada na industrialização dos alimentos. Ao lado disso, o crescimento exponencial do uso de pesticidas e dos transgênicos, cujas consequências nefastas para a saúde já são objeto de preocupação dos especialistas, ainda não foi contido. Também o uso abusivo de psicotrópicos — hoje com caráter de epidemia nos Estados Unidos e em muitos outros países — beneficiou e gerou lucros astronômicos para a indústria farmacêutica. Ou seja, a preocupação com a saúde da população e com a vida em geral parece ser muito menos importante do que os lucros que as empresas possam auferir.

Saber disso tudo, no entanto, não significa ignorar que fumar é nocivo.

Parar de fumar é parte desse processo, e paguei um preço alto. Tentei várias vezes. Consegui algumas. O fracasso repetido do "último cigarro" não me fez desistir. Mas este será outro capítulo.

7. A descoberta

A graça da morte, seu desastrado encanto,
é por causa da vida.
Adélia Prado, "Um homem habitou uma casa"

Finalmente a porta do consultório do cirurgião abriu. Sem muita conversa, entreguei-lhe os últimos exames de pulmão. Gostei porque ele nem leu o laudo. Botou direto o DVD no computador.

Um mês antes, no comecinho de julho de 2017, tudo tinha começado a virar.

Só ouvi o grito. Corri e vi Sandra, minha mulher, estatelada no chão. Gemia.

— Ai, meu tornozelo, desta vez foi sério. Não vi o último degrau da escada, porque estava com a bandeja do café nas mãos.

Ajudei-a a se levantar e fomos para o hospital. Radiografias, muita espera, mas felizmente não havia quebrado nada.

Desde que operei os quadris e a coluna, passei a dormir em um cômodo no térreo de minha casa, evitando subir e descer a escada que dava para o nosso quarto. Acabei gostando da privacidade de ter um ambiente somente meu, onde podia varar a noite, ficar lendo, escrevendo e ajudando garotos trans pelas redes sociais. Com a idade, meu sono foi encurtando. Quatro horas me bastavam. Quando dava, complementava com mais uma horinha, depois do almoço.

Dia 4 de julho de 2017 foi o lançamento do livro *Vidas trans: a coragem de existir*, que escrevi em parceria com mais três pessoas trans. A livraria Blooks, no Rio de Janeiro, estava lotada, permitindo um debate sobre sexualidade e gênero. Degustei aquela noite pressentindo que seria um dos meus últimos momentos de alegria. Seis dias depois faria um cateterismo para saber a situação das minhas coronárias. Havia solicitado ao meu cardiologista o pedido desse exame, como também uma tomografia de tórax porque, como fumante, sabia que estava na hora de dar uma conferida.

Minha irmã Van se ofereceu para ir comigo. Estava nervoso, de péssimo humor, enchendo os ouvidos dela com reclamações prosaicas.

Deitado na mesa, meio grogue, o anestesista me perguntou sobre as cicatrizes no peito. Contei-lhe que era trans. Sentia a dor do cateter penetrando pelo meu pulso direito, enquanto aguentava nos meus ouvidos a pergunta insistente sobre "qual era meu antigo nome". Saí estressado do procedimento. O resultado foi dado na hora: necessidade de mais três stents. Já possuía um, posto por ocasião do infarto seis anos antes. Uma angústia temperada de medo fez com que não fumasse mais naquele dia.

Os vinte dias que se seguiram foram de pura ansiedade, cancelando os compromissos da agenda cheia. Adiei a cirurgia em uma semana, para poder dar minha última palestra, a única que não havia desmarcado, em Ribeirão Preto. O convite foi feito com tanto carinho que não resisti, e ainda me ofereceram um grande auditório para estudantes de Psicologia. Viajar sem cigarros foi o teste mais duro.

Em setembro, meu filho Yuri me acompanhou na internação para a angioplastia. Era urgente que se colocassem logo os stents. Não só fortaleceria o coração, como também poderia suspender os anticoagulantes dentro de quarenta dias. Eu já sabia que precisava fazer uma biópsia, mas os médicos foram taxativos quanto à prioridade em colocar os stents.

Por ser fumante, anualmente faço tomografia de tórax ou raio X. Até que em 2016 surgiram o enfisema e um pequeno nódulo no pulmão direito. A pneumologista, que eu tinha escolhido aleatoriamente entre os credenciados pelo meu plano de saúde, me aconselhou a fazer um novo exame dali a seis meses. Em fevereiro de 2017, com o novo resultado em mãos, me receitou um broncodilatador e nada mais. Em julho, fiz outra tomografia e o laudo acusou um aumento do nódulo de 8 para 13 mm, em apenas cinco meses. Ela olhou o resultado, enquanto eu observava sua fisionomia. Percebi uma coçada no nariz e uma certa agitação. Citou apenas um processo inflamatório, devido aos gânglios que apareciam.

Depois da angioplastia, mesmo semianestesiado, vi que meu pulso esquerdo sangrava muito. Terminada a cirurgia, fui direto para o CTI, no qual fiquei um dia, todo monitorado. O bip que apitava, o soro hidratante na veia da mão direita, as injeções na barriga, as interrupções para remédios me impediram de dormir. No dia seguinte, exausto, fui para um quarto que dividi com um garoto de dezoito anos, que havia sofrido uma trombose na perna. Só ali, já sem as fiações e perto do ar-condicionado, consegui adormecer. Tive alta no dia seguinte, depois que as enzimas baixaram.

Agora, no consultório do cirurgião torácico, aguardei que estudasse longamente as imagens dos exames. Após um silêncio interminável, girou a poltrona e, olhando na minha cara, sentenciou:

— Mas você está com câncer! E com metástase!

Meu coração deu um pulo e a barriga, um nó. A palavra temida foi pronunciada. Imediatamente, pedi licença e fui ao banheiro.

Mal me sentei de volta no consultório, ele continuou muito sério.

— Você é fumante?

— Sou.

— Fuma muito?

— Infelizmente fumo.

— E seu pneumologista não lhe disse nada?

— Hoje de manhã estive com ela. Solicitou-me mais dois exames, uma cintilografia óssea e uma broncoscopia, e me encaminhou a você. Vim imediatamente para cá, falei com sua secretária e, felizmente, havia uma desistência hoje à tarde. Não sabia de mais nada.

— Mas ela deveria ter-lhe dito! Seu mediastino está cheio de megalinfonodos ao lado da traqueia direita, quando, em fevereiro, só tinha um! Nada de broncoscopia, você tem que fazer urgente é um *PET scan*, para ontem!

— Que exame é esse, doutor?

— Ele localiza e acende todas as células cancerígenas do corpo. Administra-se uma substância radioativa que, quando absorvida pelo organismo, emite radiação que é captada pelo equipamento e transformada em imagem. Só no Rio você vai encontrar onde fazer; aqui em Niterói, não conheço.

Novamente pedi licença e corri para o banheiro.

Voltei para o consultório com as pernas bambas, suando frio e sentindo calafrios. Ele me deu um lenço de papel, prescreveu o pedido do exame e foi sucinto:

— Caso dê positivo, farei a biópsia. Só precisa de um pequeno corte no pescoço, com anestesia geral.

O celular dele tocou. Ele atendeu.

Era a minha oportunidade de poder ter um tempo para respirar, botar as ideias no lugar e tentar me acalmar.

Foi então que me dei conta da demora do telefonema. Ele conversava sobre tipos de vinho com um amigo. Sua postura descontraída e risonha contrastava completamente com a minha presença aflitiva. Como ele não desligava, peguei o seu pedido de exame e me levantei. Só então tapou o microfone do celular e comunicou:

— Quando o resultado do exame estiver pronto, volte para marcarmos a cirurgia.

Antes de sair, fui pela terceira vez ao banheiro, pensando em como daria a notícia para todo mundo.

Chegando em casa, mais uma ida ao banheiro.

Minha mulher tinha saído.

Nem sei bem avaliar como estava me sentindo. Esse possível encontro com a morte, antes do esperado. O impacto fora tamanho que não havia espaço nem para choros. Passei a tomar direto ansiolítico para conseguir dormir, apesar dos angustiantes pesadelos.

Dei a notícia à minha mulher, que, felizmente, demonstrou uma postura de resignação, sem lamentações, tornando-se mais paciente e carinhosa comigo. O mais difícil foi comunicar a meu filho, que ficou visivelmente abalado, me abraçando por longo tempo, num choro mudo. Desde então, passou a fazer questão de me acompanhar a todos os médicos e procedimentos que tive que fazer.

Será que a morte iria me pegar mais cedo do que imaginava? Não fiquei desesperado com ela, mas com o possível sofrimento que estaria por vir. O câncer não parecia ser tão agressivo, já que, mesmo sem o saber, me corroía havia mais de um ano. Tinha notado apenas um pouco mais de pigarro e descamação da pele, além do escurecimento e endurecimento das unhas dos pés, mas considerava sinais decorrentes do vício e da velhice.

Nas primeiras semanas corria ansiedade pura nas minhas veias. Não conseguia me concentrar em nada e fiquei treze dias sem fumar. Na primeira saída de casa, passei num jornaleiro e comprei um maço de cigarros, racionalizando que precisava de um pouco de prazer e que seria o último. Fumava um cigarro em duas ou três vezes, o que fez o maço durar alguns dias. Estava decidido a parar, quando ele terminasse.

Fiz o exame pedido, o *PET scan*. Fui com Sandra de táxi para não dirigir. O exame durou três horas.

O calor já havia começado, mas ainda estava suportável. Voltei a dormir no meu quarto desde que soube da notícia.

O pulso esquerdo ficou ferido do cateterismo, como se fosse uma queimadura.

Na minha cabeça, pipocavam pensamentos. "Não sei o que vai ser daqui pra frente com a minha militância." Não poderia entregar o prêmio que criaram com o meu nome no [ssex bbox], uma entidade de defesa dos direitos lgbt. Eu deveria estar presente para a homenagem da criação do prêmio, mas seria em São Paulo. Pedi à minha amiga Márcia Rocha que fosse em meu lugar. Em outubro já poderia suspender os anticoagulantes para fazer a biópsia. Cansado de tudo, queria ficar parado como estava tudo à minha volta: meu processo de mudança de nome e gênero, meu divórcio, a regularização da minha casa, o casamento com Sandra, o filme e a peça teatral de meu livro *Viagem solitária*. Este, pelo menos, aparecera três vezes na novela *A força do querer*, de Glória Perez. Mas nada de a editora fazer nova impressão.

Li um dos últimos livros do Darcy Ribeiro, em que criou a figura de um padre a quem confessava suas mazelas e falava do seu câncer. A leitura me deu força para começar a escrever o meu, que só foi iniciado em janeiro de 2018. Foi então que fui juntando a ideia do câncer com a velhice e a morte.

Ainda não sei bem como me sinto diante do fato de morrer mais cedo do que imaginava. Na infância vovó previa, ao ler minha mão, que iria ter vida longa. Como diz um amigo meu, "não acredito em superstições porque dão azar".

Ligo a TV e vejo no noticiário que furacões fortíssimos invadem o Caribe e a Flórida. Na minha vida eles já haviam chegado.

8. A vida entre parênteses

O tempo que corre
Desenfreado
Indiferente aos escombros
encaixotados.
Olga Santos, "Parênteses"

"Mas você não tem celular?" é a pergunta que ouço quase todos os dias. Continuo mais confortável sem ele. Experimentei usá-lo por um curto período, mas não deu certo. Não sei se pela catarata ou pela surdez, não enxergo direito e só posso ouvi-lo pelo viva voz, além das recorrentes falhas de sinal. Gastava um tempão apagando informações inúteis e aprendendo a usar os aplicativos. Ainda precisava alimentá-lo diariamente na tomada. Resolvi esperar pela geração dos que só obedecem por comando de voz. Além disso, tenho um telefone fixo e foi por ele que dei a notícia à família, tentando uma forma amena e otimista. Minha irmã médica me pediu logo para ver os exames. Todas se reuniram solidárias e vieram aqui em casa. Exigiram que consultasse o melhor oncologista do Rio de Janeiro e que não me preocupasse com as despesas.

Levei o resultado do *PET scan* para o oncologista indicado por uma amiga médica. Fiquei três dias internado depois da biópsia. Meu câncer foi classificado como sendo de grau três (são quatro), de células pequenas, altamente metastático, inócuo à imunoterapia, mas receptivo à quimioterapia. Ele prescreveu quatro ciclos de quimioterapia, sendo três dias seguidos com quinze de intervalo, quando então faria um exame de sangue para saber como estava minha imunidade.

Ficava em jejum, semideitado numa poltrona reclinável, recebendo por cerca de três horas a medicação endovenosa. Além dos prescritos, os frascos continham cortisona, drogas para enjoo, diurético e hidratante.

Minha mulher me acompanhou em todas as sessões.

Serviam sempre o mesmo lanchinho num pacote que, com o tempo, não aguentava nem mais olhar.

Havia pessoas de todas as idades, menos crianças.

O tratamento durou três meses, com soluços devido à cortisona, dores nas pernas, ressecamento da pele, muito cansaço, braços e mãos cheios de hematomas.

Na metade do ciclo fiz nova tomografia. Para meu alívio, os nódulos haviam diminuído.

Comecei a usar fralda geriátrica. Ainda não era tão velho para merecê-la, mas perdera o controle do esfíncter ao espirrar ou tossir. Quarenta anos antes haviam me feito uma neouretra, para poder urinar em pé. Com o tempo abriram cinco fístulas, que retêm um pouco de urina na bexiga, o que agora me dificulta o controle. Lembrei-me logo do meu pai. Sentia minha dignidade cada vez mais abalada. Recordei de uma resposta de Sartre ao lhe perguntarem como se sentia, apesar de ser o maior filósofo do século XX, pelo fato de estar agora urinando nas calças, sem poder sair de casa: "É preciso ser modesto quando se é velho".

Embora tivessem me avisado, isso não evitou o choque que levei, após duas semanas da quimioterapia. De uma só vez, todos os pelos do meu corpo caíram, inclusive os pentelhos. E foram quarenta anos de hormonização para consegui-los! Ao me olhar nu no espelho, senti um estranhamento assustador: "Este sou eu?". Sem barba, sem bigode, sem sobrancelhas, sem nenhum cílio? Não me reconhecia. Era a minha terceira crise de identidade. Experimentei um sentimento de absurdo, de desamparo. Que fazia eu ali? Era eu?

Diante do mal-estar, mandei uma foto com uma frase pelo Messenger, do Facebook, para uma amiga travesti, que se preocupava comigo: "Olha o cadáver que me tornei". Sua resposta imediata conseguiu levantar meu astral: "Mas você ainda parece um homem!".

Como canceroso, passei a sofrer uma discriminação dissimulada. A palavra câncer é um tabu, proibida de ser pronunciada. Até os médicos se referem a "CA", cancro, carcinoma ou neoplasia e, a população, como "aquela doença". Ninguém fala abertamente e, muito menos, se refere a si próprio como um canceroso. Pelo contrário, pedem até sigilo quando contam o caso de algum parente que teve câncer. A minha teoria sempre foi a de que quanto mais se ventila o assunto, menos monstruoso ele se torna — um exercício de banalização, mesmo envolvendo as cercanias da finitude.

Algumas pessoas se afastam, talvez por não saberem o que dizer, outros para não se deprimirem com a aparência e, os mais ignorantes, com medo do contágio ou azar. Até hoje não há vacina ou remédios que curem todos os tipos de câncer em seus diferentes formatos, desenvolvimentos e tratamentos. Mas recebi muitas visitas de amigos e até de um grupo de trans-homens, e conversamos sobre várias coisas — incluindo a velhice —, que conto em outro capítulo.

As mensagens de orações, preces e desejos de melhora para o "guerreiro" eram diárias no Facebook.

Pouco depois do fim do tratamento químico, os pelos voltaram. Em algumas regiões até com mais intensidade.

Ainda em recuperação, o oncologista prescreveu trinta dias de radioterapia diária. Inicialmente, fizeram um mapeamento de todo o meu corpo. Eram tatuagens feitas com uma caneta hidrográfica, cobertas com um adesivo incolor impermeável, para marcar quais pontos seriam atingidos pela radiação. Cada sessão não durava mais do que quinze minutos. Eram sem dor, mas me davam um grande cansaço. Além disso, era obrigado, semanalmente, a me encontrar com a radioterapeuta. Não sei se por estar em início de gravidez e enjoada, não me atendia com simpatia e, muitas vezes, eu é que ouvia suas reclamações.

O oncologista, embora um recomendadíssimo profissional, deixava a desejar quanto ao nosso relacionamento médico-paciente. Sentia-o pautado numa assimetria, um paternalismo médico. Ele era o detentor do conhecimento técnico, dos medicamentos, da escolha dos tratamentos e procedimentos aptos para me curarem. A mim, só cabia confiar nele e me submeter às suas indicações. Mas será que isso era suficiente para essa relação funcionar a contento? Várias vezes o procurei e ele estava no exterior, dando aula ou de férias, sem me comunicar, previamente, sua ausência. Confessara-me não confiar em nenhum assistente, mas deixava um em seu lugar. Esqueceu-se de me dar o resultado do *PET scan* e, na última vez em que estivemos juntos, numa mistura pungente de angústia e de esperança, perguntei-lhe de supetão:

— Meu câncer tem cura?

— Já curei um.

— Um?

Ele ficou calado como se confirmasse a resposta.

Saí do consultório com uma certeza: a de que iria morrer.

À noite, quando a vontade de fumar apertou, simulei tragar uma caneta que estava na minha escrivaninha e com ela pude aspirar fundo. Eu ainda não tinha a dimensão do embalo necessário para o que viria pela frente.

9. O último cigarro

Chega um tempo em que a vida é uma ordem.
A vida apenas, sem mistificação.
Carlos Drummond de Andrade,
"Os ombros suportam o mundo"

O mais difícil estava sendo largar de vez o vício de fumar. Sabia que não podia mais continuar. O câncer pulmonar estava avançado, embora nenhum órgão vital ainda tivesse sido atingido, mas até quando?

Comecei comprando um cachimbo, que não se traga. Pensei que só o gostinho na boca me satisfaria e me restringiria a fumar em casa. Funcionou uns dias. Por coincidência, um garoto trans carioca me solicitou amizade e na foto de capa do seu perfil no Facebook anunciava que vendia cigarros eletrônicos. Acabei adquirindo um, mas só me fez enjoar com todas aquelas essências adocicadas. Também não tinha mais formato de cigarro como os da primeira geração, o que deixava a gesticulação sem sentido. A única vantagem é que se inalava um vapor e não uma combustão, o que, teoricamente, causava menos mal. Diante do desespero, liguei para uma antiga amiga, que havia trabalhado no INCA. Ela foi taxativa:

— Você não pode fumar nem um cigarro! Não, não e não! Nada desses substitutos de que você falou.

Ela foi tão pouco hábil para o meu emocional fragilizado, que acabou tendo o efeito contrário. Ao desligar estava tão desesperado, me sentindo sem saída, minhas tentativas em vão, sem nenhuma compensação, que arranjei um jeito de sair e comprei um maço. Cheio de culpa, o devorei naquele mesmo dia.

Na clínica onde faço o tratamento radiológico, achei um folheto divulgando uma pneumologista especialista em tabagismo, que atendia ali mesmo. Cheguei a marcar duas vezes a consulta paga. Na última hora, desmarcava. Arranjava mil desculpas para não ir: "Não vou aguentar se ela disser que é 'falta de força de vontade', não vou abrir mão de um dos poucos prazeres que ainda me restam, vou engordar e ficar com o corpo arredondado, mais feminino e de que tenho horror, a consulta é muito cara...".

Quando faltava uma semana para terminar a radioterapia, a frase que o oncologista havia me dito na última consulta começou a ribombar na minha cabeça: "Continuar fumando será um haraquiri". Eu, que já tinha lido Mishima, sabia muito bem o que significava esse código de honra japonês, pois o autor fora capaz de praticá-lo, depois de ter escrito um conto detalhado dessa forma de suicídio.

Olhei para a cara imberbe, sem cílios, sem sobrancelhas, onde não me reconhecia mais e em voz alta disse a mim mesmo:

— Ou você para ou morre.

Liguei, decidido. E resolvi que, se a médica dissesse que era uma questão de falta de "determinação interna", me levantaria e iria embora.

Às dezesseis horas adentrei o consultório. Ela sorriu, me olhando alegre com seus olhos azuis, emoldurada por uma vasta cabeleira branca, exclamando:

— Finalmente você veio, depois de faltar duas vezes. Já tinha lido até seu prontuário. Isso é muito comum. Muitos marcam e nunca vêm, outros demoram como você. Que bom que decidiu vir! Quero saber tudo sobre você.

Ela parecia realmente interessada na minha história e demonstrava uma ponta de curiosidade. Desconfiado, sondei:

— Achou alguma coisa estranha no meu prontuário?

Ela deu um engasgo, confirmando minhas suspeitas.

— Realmente teve uns pontos que não entendi bem. Acho que foi sobre as suas cirurgias.

— Deve ter sido a mastectomia e a pan-histerectomia, não?

— Isso, não batia com o seu nome de João.

Fiz o introdutório formatado para tais ocasiões:

— Minha história é um pouco insólita...

Ela se ajeitou na poltrona e solicitou:

— Pois então me conte, cada um tem uma história diferente.

Comecei dizendo que era transexual, que tinha sido o primeiro operado no Brasil com 27 anos, na época da ditadura militar, quando as operações eram crime e que agora estava com 68 anos.

Ela aparentava somente interesse, surpresa de eu ser o primeiro, mas gostei quando me interrompeu para dizer:

— Tenho sessenta anos, também peguei a época dos milicos.

Não sei o que estava escrito naquele prontuário, mas resolvi enumerar as quinze cirurgias que havia feito até então, sendo a maioria devida à artrose.

Com ela já ciente de que eu era psicólogo, complementei contando sobre a perda do meu diploma, por ter que tirar novos documentos masculinos, sem entrar na Justiça. Para testar seu interesse, ofereci:

— Se você está mesmo interessada na minha história é melhor ler meu livro *Viagem solitária*. Se quiser, posso trazer um exemplar da próxima vez.

Ela concordou.

E, finalmente, entrou no assunto temido por mim, mas de uma forma tranquilizadora:

— Quero que você pare de fumar, mas sem sofrimento.

Fez-me várias perguntas de quantos cigarros fumava e havia quanto tempo. Ficou esperançosa quando eu disse que já tinha parado por dois anos. Falei que, ao saber do câncer, fiquei treze dias seguidos sem fumar e, depois, com interrupções, fumando vários "últimos cigarros".

Relatei os métodos tentados e que conhecia os gatilhos que me faziam querer fumar. Só não deu para usar chiclete porque agarrava na prótese dentária e o adesivo os cardiologistas me proibiram, pelo infarto e por ter quatro stents no coração.

— Claro que você pode usar adesivo! Os cardiologistas estão enganados! É melhor você receber só a nicotina, que vicia, do que continuar fumando e se intoxicando com todos os outros produtos maléficos do cigarro. Qualquer dúvida diz para o seu cárdio me ligar.

Vislumbrei, naquele momento, minha tábua de salvação. Até remédios tinha tomado, mas nada funcionara. Ela me perguntou se queria parar aos poucos ou de vez. Fui peremptório, me surpreendendo:

— De vez, porque na primeira contrariedade, volto a fumar. Tenho ainda seis cigarros. Vou fumá-los hoje e, amanhã, nova vida.

Ela não exercia mais a profissão de pneumologista e passou a se dedicar ao estudo do tabagismo. Estava orientando uma tese sobre os prós e os contras do cigarro eletrônico. Fiquei interessado e quis saber mais, pois achei curioso ela nunca se ter viciado, embora tivesse tentado fumar algumas vezes.

— O tabagismo está sobre um tripé: o químico, o emocional e o comportamental. Os dois primeiros causam dependência e o último é a gesticulação, o ato propriamente de fumar.

Deu-me algumas dicas que facilitariam parar: não comer sobremesa (o doce atrai a vontade), escovar os dentes logo após as refeições (a pasta corta a vontade), beber água ou chupar gengibre, que arde na boca, e não beber café.

Ficamos conversando por quase duas horas e ela me comunicou que queria me ver toda semana. Aconselhou-me a usar o adesivo mais forte por, no mínimo, um mês. Saí dali parando na primeira farmácia. Comprei o de 21 mg, como o recomendado.

Em casa avisei a minha diarista, que também fumava, que não mais assaltaria sua bolsa. Ela riu e disse que só traria agora dois cigarros, que não fumaria mais na minha frente e que comprasse um adesivo para ela, porque também iria tentar parar.

Na semana seguinte voltei à pneumologista e recebi os parabéns por continuar firme sem fumar. Comprei mais duas caixas de adesivos e continuei dando uma para a diarista.

Meu oncologista me ligou para conversamos sobre o resultado do último *PET scan* que havia feito, depois de esperar três meses do final da radioterapia para que não se alterassem as imagens. Foi aí que escorreguei novamente.

Dois nódulos novos haviam aparecido. Um na glândula suprarrenal e outro na subclavicular esquerda. Ele me prescreveu a volta à quimioterapia por mais dois meses. A diferença é que, desta vez, seria numa dose mais suave.

Emocionalmente foi uma bomba saber que a doença progredia. Eu com ojeriza só de ouvir a palavra químio, imediatamente pensei: "Perdi a guerra, preciso ter prazer imediato".

Enquanto minha mulher acertava as contas com a secretária, disse-lhe que precisava pegar um ar, desci do prédio e fui direto à banca de jornais. Comprei dois cigarros a varejo, suaves.

Eu tinha sofrido horrores no último tratamento. Urinei sangue por dois dias, o que gerou uma cistite. Minha boca ficou ferida, e todas as substâncias prescritas não surtiam efeito. Os leucócitos caíram tanto que peguei uma pneumonia e tive que ficar internado uma semana no hospital. Voltei a usar fralda geriátrica, o que me deixava com assaduras.

A única coisa boa foi ter recebido no hospital a visita de uma dentista especialista em laser para tratar dos ferimentos na boca decorrentes da quimioterapia. Em vez de retornar à especialista em tabaco, fui direto à dentista, que me salvou, pois já não conseguia mais comer direito, com a língua em carne viva.

Até que o grande sinal apareceu no dia 8 de agosto. Almoçando com Sandra na mesa da cozinha, comecei a tossir, como se engasgasse, e, do nada, desmaiei pela primeira vez na vida. Bati violentamente com a cabeça no portal e depois de cara no chão, pois a cadeira havia virado. Acordei com ela chamando meu nome e com um saco de gelo no galo ferido acima da testa. Estranhei, mas achei que pudesse ter sido uma queda de pressão, já que tinha tomado um ansiolítico para dormir. Aos poucos fui descobrindo os hematomas e as dores no corpo.

Vinte dias depois, o mesmo episódio se repetiu, só que na cadeira de rodinhas do meu computador da mesa do meu quarto. Novamente, tosse e ausência, escorregando direto de cara para o chão. Pressenti que algo de mais sério estava acontecendo. Com a ansiedade me corroendo mais uma vez, extravasei em novos "últimos cigarros".

A partir de então, passei a ter diariamente pequenas convulsões, apagando sempre depois de uma tosse chiada. Não me debatia, apenas enrijecia o corpo e acordava com minha mulher me abanando.

O oncologista pediu, então, uma ressonância, já que o PET scan não avalia as células do cérebro. O mais temível aconteceu: câncer cerebral com três nódulos, um frontal e dois occipitais.

Fui encaminhado para o radioterapeuta novo e simpático, já que a antiga estava de licença-maternidade. Com a barriga já dando voltas pressentindo a resposta, soltei:

— Tem cura, doutor?

— Não! Mas podemos fazer um tratamento profilático em todo o crânio, para evitar mais nódulos.

A premência irresistível da pergunta que faltava, mesmo sabendo que seria difícil a resposta, me fez rodeá-la um pouco, com o coração saltando pela boca:

— Sem tratamento, quanto tempo tenho de vida?

— Três meses talvez — e, completando baixinho, concluiu com o óbvio, mas me dando alguma ideia de tempo: — Com tratamento, seis ou mais, aí depende da sua resposta.

Pedi licença e fui ao banheiro, aliviando, pelo menos em parte, o que o destino, com a minha ajuda, traçara para minha vida. Deixar de fumar não evitaria minha morte, mas poderia melhorar as convulsões, dores e sequelas que estavam por vir.

Uma certeza eu tinha, não iria me sepultar vivo entre quatro paredes, nem no hospital, nem na minha casa. Precisava apressar-me para viver o melhor possível e pensar que cada dia é, por si só, uma vida.

80

Mas o tempo não espera um canceroso. Sabia que continuava sendo comido ou multiplicado pelo desarranjo celular. Eu tinha que dar continuidade aos depoimentos, ecoar a voz das pessoas amordaçadas por essa sociedade hipócrita, que só ouve o discurso estereotipado que lhe é conveniente.

Parte II

10. A velhice começou aos doze

O eu que me habita
Que eu habito
Sobre a minha diferença
quase poética
O impasse da genitália
das vozes e dos ouvidos
O impasse que eu entendo
mas não acredito.
Então disputo.
JoMaKa – João Maria Kaisen

A idade chegou para Anyky bem antes da hora. De cabelos brancos e curtos, sempre de vestidos longos, coloridos e estampados, uma das travestis mais velhas de Belo Horizonte apareceu no local da entrevista bem-humorada, ar confiante, falando e fumando muito. Já nos conhecíamos de palestras, seminários e eventos Brasil afora. Mas nunca tínhamos conversado sobre a sua vida como fizemos nesse dia. Querida pela militância da cidade, é tratada como se fosse a mãe ou a avó das meninas mais novas que vêm se prostituir nos hotéis e pontos badalados. Muitas a chamam carinhosamente de "velha", apelido que aceita, mas não gosta muito. Aos 62 anos de idade, quase cinquenta na prostituição, ela acredita que sobreviveu às intempéries da vida por ser muito medrosa. Após almoçarmos, ela começou a contar sua história, entre uma baforada e outra do cigarro:

— Meu nome é Anyky Lima. Nasci em Padre Miguel, no Rio de Janeiro, numa família de seis irmãos. Vivo em Belo Horizonte há 32 anos. Fui expulsa de casa aos doze pela minha própria mãe. É uma experiência que não se esquece. Perde-se todo o encanto com a família. Não ver seus irmãos e sobrinhos crescerem, saber se sua irmã vai casar, não acompanhar a vida no dia a dia. Embora me identificasse com minha irmã, achasse que ela era uma mulher bonita, nunca tive desejo por mulheres e, sim, por homens. Desde muito nova percebi que não era um menino como minha família inteira pensava. Quando comecei a me comportar como menina, foi um choque em casa, ninguém me entendia. Eu era muito rebelde. Meu maior conflito era comigo mesma, porque me sentia mulher e diziam que eu era homem, me obrigavam a ser como meu irmão. Era "a" diferente. Não era tratada como meus irmãos, não podia ir às festas que os outros iam, nem sequer sentar na cama deles, porque achavam que eu ia trazer alguma doença. Meus pais eram pernambucanos, rudes e ignorantes, mas acho que a culpa não era deles. Quando alguém transiciona, a família também passa a ser cobrada, questionada pelos parentes, vizinhos. Muitas não suportam a pressão e acabam expulsando seus filhos e filhas de casa. Comigo foi assim. A rua é o maior sofrimento para qualquer pessoa. Fiquei três dias perambulando, vagando pelas ruas do Flamengo, pela Central do Brasil, sem ter para onde ir.

— E quando foi a primeira vez que você se prostituiu?

— Assim que fui expulsa me lembrei de uma travesti chamada Sandra Dragão. Ela morava com um pai de santo em Padre Miguel, perto da casa dos meus pais. Ela estava em processo de iniciação no candomblé, fazendo o que a gente chama de "obrigação de santo". Esperei alguns dias por ela e, enquanto isso, ficava à noite no centro da cidade, onde as meninas se prostituíam. As travestis não deixavam eu me aproximar porque ainda não estava "formada", não tinha a aparência delas. Até que parou um carro. Eu, morrendo de medo e de fome, resolvi entrar. Foi o meu primeiro programa.

— Você ainda lembra detalhes dessa primeira vez?

— Eu ainda não tinha começado minha transição, então o cliente ficou muito curioso. Foi muito rápido, mas ele foi carinhoso. Não chegamos a ter penetração. Foi mais esfregação, chupação. Só mesmo depois, na zona, em Vitória, é que fui penetrada. Lembro que cobrava por volta de trinta, cinquenta, acho que era cruzeiro. E assim continuei. Ficava encostada nos cantos e, quando tinha oportunidade, entrava, com medo, em algum carro. Meu cabelo era grande, minha pele era clara e eu tinha pernas grossas. Chamava a atenção dos homens. Passei fome, frio, muitos problemas. Trabalhava para ter o que comer.

— Curioso que, quando se trata de trans, a sociedade não fala em pedofilia, nem em abuso, nem em abandono de menores pelos próprios pais.

— E até bicho, hoje, você paga multa se abandonar!

— E como você conseguiu sair do Rio?

— Sandra Dragão me levou para Vitória, no Espírito Santo, para morar num prostíbulo, em uma zona muito grande, num bairro chamado São Sebastião. As travestis nunca se prostituem perto de onde moram com medo de encontrar familiares. Fomos de carona, demoramos três dias, porque chamavam muito a atenção as enormes cicatrizes que Sandra tinha pelo corpo. Eram por causa das agressões e também cortes que ela mesma fazia para afastar a abordagem policial. Ela até me ensinou como cortar uma gilete ao meio e colocar entre a gengiva e os dentes, tirando com a língua quando precisa. Isso antes da aids. E também tomava Optalidon, um remédio que deixa a pessoa meio dopada e com o corpo todo manchado de feridas. Ninguém queria parar pra gente.

— Imagino o sufoco. E na chegada a Vitória, você teve medo da zona?

— Claro! Porque mesmo as meninas me apoiando, ali é cada uma por si, você tem que se virar sozinha. Ninguém ia dar emprego para uma criança meio menina meio menino, sem experiência. Acabei aprendendo a ter certa maldade para me defender. Tive que fazer pequenos favores para as meninas, como ir à padaria, comprar cigarros, comida. Elas me davam dinheiro e eu ficava com os trocados. Às vezes, fazia programas junto com elas para ir aprendendo como lidar com os clientes.

— Você não ficava chocada? Como foi?

— No início eu só olhava. Depois os clientes começaram a me chamar para participar. A vergonha era ficar nua, porque me sentia uma mulher e não queria que ninguém visse "aquela parte". Mas a gente estava sempre se cobrindo, usava calcinha ou um pano, inclusive as meninas também. Tinha mulher que não deixava nem que tocassem nos peitos dela.

— Mas a zona era de travestis e também de mulheres?

— A zona era mais de mulheres cisgêneras e elas moravam em várias boates como a Veneza, a da Dona Dinorá, que era a mais chique. Eram prédios imensos. Nós é que morávamos em quartinhos. Às vezes, saíam brigas bobas, mas não por disputa de ponto como é hoje.

— Como eram os clientes naquela época?

— Conheci todo tipo de homem, do mais carinhoso ao mais violento, foram oito anos morando na zona. Naquele tempo, arrumei um namorado, mas ele era muito ciumento. A gente se atracava, se batia, era uma relação abusiva, por causa de ciúmes. Teve uma vez que ele quebrou uma garrafa que havia no quarto e me cortou o braço. Mas reagi e consegui me defender. Quem acabou indo para o hospital foi ele, cheio de cortes. Foi o fim da nossa relação. Por ironia, ainda acabei cuidando dele depois. Teve também um cliente que cismou que eu o tinha roubado e me ameaçou com uma faca no pescoço. Eu não tinha feito nada e acabei dando uma garrafada nele. Na zona aprendi tudo. As meninas me deram roupas, me ensinaram sobre os hormônios, que eram anticoncepcionais. Conheci algumas que tomavam uma cartela inteira, batiam com banana e leite no liquidificador.

— Ninguém falava em camisinha?

— Não existia. Havia só uma bacia com água num canto para a gente se lavar. Usávamos uma toalhinha na frente para o homem não ver o nosso sexo e todos eram ativos. Depois é que virou moda eles serem passivos. No princípio eu dormia pelos cantos, no chão. Cada dia ficava no quarto de uma. Não pagava nada. Mais tarde aluguei um quartinho e comecei a minha transição. Fiquei por lá até meus dezoito anos. Voltei para o Rio pra me alistar no Exército e tive que ir com calça e blusa compridas. Felizmente um sargento me chamou, me levou para uma sala para assinar um papel e o único constrangimento foi ver muitos homens pelados. Abaixei a cabeça, fui respeitada e dispensada.

— Como foi voltar para o Rio após a transição?

— O pior foram as datas que em geral se passam com a família. O mais triste para nós são os natais e os réveillons. Passei vários sentada com dois amigos no meio-fio, perto da casa dos meus pais. A gente ficava espiando de longe as luzes e a movimentação alegre da festa, sem poder entrar. Acabava a gente vagando pelas ruas do centro do Rio de Janeiro.

Ela então conta como sua vida começou a mudar:

— Foi aquele meu ex-namorado ciumento quem me alugou um apartamento e me deu duas máquinas de costura. Tudo que eu sabia era o que tinha aprendido com minha mãe, que era costureira. Encontrei então um amigo gay que fazia fantasias para alas de escola de samba. Sem fazer curso, comecei a trabalhar para várias escolas: Mocidade, Salgueiro, Beija-Flor. Pude desfilar nelas e não sofri nenhum preconceito, porque no Carnaval tudo é permitido. Nessa época conheci também Ivone, uma costureira. Trabalhávamos juntas e, depois que costurava, completava a renda fazendo programas em Madureira e na avenida Brasil. Fui passando de casa em casa, conheci muita gente e aprendi a ser cabeleireira, porque sabia que a prostituição não seria para sempre. Precisava fazer outras coisas e comecei também a ser "bombadeira". Aplicava silicone industrial nas meninas que estavam começando, que é barato para elas e faz logo um efeito feminilizador. Hoje me arrependo dessas injeções criminosas e jurei que nunca mais faria. E não fiz mais.

— Por que se arrependeu?

— Quando descobri que aquilo não era uma coisa boa, pois adere na carne e nos músculos e não sai mais. Ganhei muito dinheiro bombando, mas vi que estava correndo risco e também arriscando a vida das pessoas. Teve uma que passou mal. Ela tinha comido uma macarronada antes da aplicação. Quando se bomba é preciso repouso absoluto por alguns dias. Ela também levantou a cabeça, quando o correto é a pessoa ficar deitada, sem travesseiro. Começou a passar mal e sugeriram que eu a botasse embaixo do chuveiro. Ela melhorou, felizmente não morreu, mas fiquei muito apavorada. Foi quando fiz a promessa de que nunca mais bombaria ninguém.

Anyky dá um longo suspiro. Ainda há muita história pela frente:

— Depois fui para Diamantina trabalhar no salão de uma amiga que era muito conhecida e influente na cidade. De lá, vim parar em Belo Horizonte, onde resolvi ficar. Se você me perguntar como sobrevivi na prostituição durante cinquenta anos, não sei responder. Até hoje, não saio de casa à noite com medo de ser assassinada. Fui muito ameaçada aqui em Minas Gerais, pela vizinhança e pela polícia. Levava pedradas, fui cortada, fora as prisões que sofri sob alegação de vadiagem e por falta de documentos. Nos prendiam na sexta e nos soltavam na segunda. Na prisão, além de lavar banheiro e levar uns tapas, tínhamos que dar para os policiais.

— Me fale sobre como é a sua militância.

— Hoje sou vice-presidente do Cellos, Centro de Luta pela Livre Orientação Sexual, de Minas Gerais, uma entidade da sociedade civil que luta pelos direitos e pela promoção da cidadania da comunidade LGBT: lésbicas, gays, bissexuais, travestis e transexuais. Além disso, sou representante da Antra, a Associação Nacional de Travestis e Transexuais, aqui em Minas Gerais.

Ela assume um ar decidido ao falar das plataformas de luta:

— Nossa primeira luta é contra os estereótipos criados pela mídia, que nos coloca como caricaturas na TV. Os jornalistas nos veem como "homens que se vestem de mulher", quando na verdade somos mulheres 24 horas por dia. A maioria ainda nos trata no masculino ou nos chama de travecos. Também lutamos pelo direito à escola, já que poucas pessoas trans conseguem estudar. Enfrentamos tantos xingamentos e porradas que acabamos largando os estudos. Para se arranjar emprego, precisa ser branca, bonitinha e de olhos verdes. Temos que nos comportar com muita discrição, ser mais "normal" que as "normais" ou cis-gêneras. Agora imagina a travesti negra, ou que não é bonitinha, que não passa visualmente por uma mulher? Essa dificilmente sairá das ruas. Minha luta é para dar visibilidade a essas pessoas, para que elas possam ser vistas como seres humanos. Travesti não é só sexo. Perdi o amor e o carinho da minha família, apanhei, passei fome, frio, chorei muitas noites. Fui presa várias vezes e confesso que, até hoje, tenho medo de morrer. Vocês acham que depois disso tudo vou aceitar que alguém não me trate como uma mulher, embora eu faça questão de me definir como uma travesti?

Dou um sorriso de admiração diante dessa pessoa tão combativa. E pergunto:

— Como você avalia toda essa sua trajetória?

— Hoje me considero uma sobrevivente. Vi muitas amigas morrerem jovens, vítimas da violência, de infecções, drogas, assassinadas de forma cruel. Somos o país que mais mata LGBTs no mundo. Sonho com o dia em que as pessoas trans possam viver tanto quanto eu. Nem sei como sobrevivi. As meninas precisam é sair dos guetos, necessitam de estudo, de atendimento à saúde, de moradia, de poder frequentar o banheiro do seu gênero, de um trabalho legalizado e formal, de alguém que ofereça oportunidades. Antigamente, travesti não podia sair de dia na rua, porque era presa. Hoje, já saem em plena luz do sol, pegam ônibus, andam nos shoppings. Elas se sentem mais protegidas. Tem as ONGs, e há muitas pessoas sensíveis que não são LGBTs e que estão lutando por nossa comunidade. Deveria ser uma obrigação, as pessoas respeitarem a identidade umas das outras, independentemente do sexo biológico. Todo dia uma aparece apedrejada, machucada. Até minha casa já apedrejaram. A militância é um trabalho de formiguinha, que vai conseguindo vitórias aos poucos, como o casamento igualitário, embora ele não sirva para a maioria da população trans. E agora tem a decisão do STF que, esta sim, nos dá uma cidadania, uma dignidade e a possibilidade de mudar o nome e o gênero com que a gente se identifica. E em cartório, sem burocracia.

— Você disse que sua casa já foi apedrejada. Como é que foi?

— Tive minha pensão próxima à avenida Pedro II, região onde travestis se prostituem à noite, por doze anos. Em 2008, cerca de vinte travestis e transexuais moravam comigo e pagavam diária para dormir e comer. Sempre as ajudei em outras coisas. Quando ficavam doentes, por exemplo, não queriam ir ao hospital com medo de não serem chamadas pelo nome social. Eu ia junto. Quando eram agredidas, não queriam ir à delegacia. Eu também ia junto. Com tanta violência, alguém tinha que ajudá-las. A pensão era registrada, tudo direitinho, mas, claro, incomodava os vizinhos. Pedia a elas que não saíssem toda hora para fora da casa nem ficassem na janela, para não parecer que a casa era um bordel. Jamais clientes ou drogas entraram lá. Coloquei tela nas janelas para evitar as pedradas. A casa foi invadida várias vezes pela polícia, sem nenhum mandado judicial. Colocaram revólver na minha cabeça. Ainda me xingaram de velha caftina. Sofremos todos os tipos de humilhação. Eram mais de vinte policiais revistando diariamente a casa toda, gritando comigo e com as meninas. Da primeira vez, o terror durou umas três horas. Estava angustiadíssima, sem saber o que fazer. Eles alegavam que estavam à procura de armas e drogas. Tinham certeza de que iam achar porque, para eles, travesti era tudo marginal. Foi um grande desespero. Quando acabaram e não encontraram nada, finalmente, me pediram desculpas e se retiraram. Fiquei três dias de cama.

— E você recebeu alguma ajuda?

— Na época, o pessoal do centro de referência foi quem me deu apoio. As invasões policiais continuaram se repetindo quase todas as noites. A polícia não nos deixava em paz, embora prostituição não fosse crime, nem havia nada de ilegal na minha casa. Até que, não aguentando mais a perseguição, liguei numa madrugada para o Roberto Chateaubriand, um militante LGBT muito meu amigo. Ele enfrentou os milicos, exigindo que só voltassem quando tivessem um mandado de vistoria. Eles, putos, ameaçaram derrubar o meu portão no chão. O que resolveu o problema foi a sugestão do Roberto de colocar câmeras em volta da casa. Só assim eles nunca mais voltaram. As invasões me deixaram muito cansada e desanimada. Com o tempo, fui diminuindo os espaços que alugava para as meninas. Hoje moro em uma casa alugada, não tenho mais a outra onde elas ficavam. Agora são apenas duas comigo, e alugo dois apartamentos para poder pagar minhas contas.

— E como você pensa que vai ser quando estiver mais velha?

— Acho que só tende a piorar, como é para todo mundo. Sobretudo para quem é visto como marginal, que não tem dinheiro nem atendimento médico apropriado. O silicone industrial dá muitos problemas, desce para os pés, provoca muitas dores, incha.

— Lembrei agora de quando fomos em 2012 numa excursão de ônibus para Inhotim, depois do 7º Encontro de Trans e Travestis em BH — comento. — Era a primeira vez que vocês iam juntas a uma exposição de arte. O lugar era lindo e muito grande, cheio de jardins entre as várias construções. Fui de cadeira de rodas, já que não aguentava andar, e uma travesti negra, alta e linda, acho que se chama Marcela, foi quem empurrou minha cadeira. Quando chegamos perto de um jardim só de patas-

-de-elefante, vocês imediatamente se identificaram: "Parecem nossos pés!". Naquela excursão, conheci uma travesti militante que levou um golpe de cassetete na barriga. Ela levantou a blusa para me mostrar o silicone afundado, se lamentando: "Ele não volta mais para o lugar". O preço é alto para quem deseja ter um corpo coerente com o seu gênero, sem ter atendimento médico especializado nem dinheiro.

E retomo:

— E hoje, Anyky, como é a relação com sua família?

— Eu me dou mais com minha irmã Beth, mas também com minhas outras irmãs, quando voltei a morar, por um tempo, em Padre Miguel. Às vezes, via meus pais de longe na rua, mas só meu pai falava comigo. Minha mãe virava a cara. Ela sempre foi muito preconceituosa, até de negro ela não gostava. Entrei uma vez na casa dela, mas não tive coragem nem de abrir a geladeira, me senti muito mal. Só quando ela estava para morrer é que ficou mais acessível. Cheguei até a ligar para ela.

— Existem muitas travestis idosas aqui em Belo Horizonte?

— Tenho algumas amigas que tiveram que se desmontar quando estavam doentes ou para serem aceitas de volta pela família. Aqui em BH tem várias travestis velhas, como a Zoraide, a Cláudia, a Roberta Preta, a Vanuza e a Sissy Kelly, com quem tive contato ainda jovem, na zona em Vitória.

— Eu soube de uma que, já idosa, também teve que se desconstruir para poder sobreviver — lembrei. — Trabalhava de faxineira em várias casas de uma vila. Parece que não recebia dinheiro, vivia da comida e da roupa que davam, morando de favor. E como está sua saúde hoje?

— Parei de tomar hormônios porque tenho pressão alta, senão corro o risco de ter uma trombose ou coisa pior. São vários hormônios, cada um com uma finalidade. Por isso que a gente diz que de médico e louco toda travesti tem um pouco. Agora, já na velhice, precisei fazer uma cirurgia de catarata, e o meu maior medo era de não ser chamada pelo meu nome social. A sala do consultório foi enchendo de gente, e eu cada vez mais apavorada. Felizmente, a secretária chamou meu nome: Anyky. Foi um grande alívio.

— As travestis que conheci em Aracaju sempre vão em grupo ao médico. A estratégia é: se chamarem alguma delas pelo nome masculino, todas se levantam e, naquela confusão, dissolve-se a humilhação.

— Essa ideia é boa, vou propor para as meninas.

— Fora a catarata, houve outro problema?

— Hoje tenho pressão alta, muitas dores nas juntas, nas pernas, consequência do silicone e dos hormônios que tomei a vida toda. Há vinte anos tive que tirar os testículos. O médico achava que podia ser câncer, mas fiz biópsia e não era. Incharam e doíam muito. Passei então a ter que trabalhar com "consolo" (prótese), já que havia perdido a ereção. A solução que encontrei foi botar um anúncio no jornal como "dominadora" — uma personagem que funciona para homens que gostam de apanhar, de serem comidos, mas sempre com o consentimento deles.

— E como foi essa fase de dominatrix?

— Os homens que estiveram comigo, geralmente, não voltavam mais. Eles gostam de ver o pênis duro e comigo não tinha essas coisas. Quando comecei a me prostituir era bem diferente, os homens não gostavam de ser penetrados. As coisas foram mudando, o mundo foi ficando mais liberal e eles começaram a descobrir o prazer anal, porque sexo tem que variar, né? Hoje, a primeira coisa que eles perguntam é o tamanho da sua "mala" (pênis) e se você é ativa. Virou bagunça.

— Foi uma surpresa para mim saber que uma prostituta pode trabalhar só com prótese, como fazem muitos transmasculinos, com cinta e tudo. Você então perdeu o tesão com a cirurgia?

Ela, imediatamente, retrucou:

— O tesão, meu bem, tá na cabeça também.

11. Silva e a puta

Como é frágil a cismasculinidade.
Que bom que nunca precisei de pênis
Pra ser homem de verdade.
Miguel Lopes

Silva suava ao lembrar da ordem que a puta lhe tinha dado:

— Bota o pau pra fora, preciso examiná-lo.

Trêmulo, meio gaguejando e com a cabeça a mil, pensando no que diria, só lhe veio à cabeça uma pergunta gaguejante e imbecil:

— Mas para que... tudo isso...?

— Se não mostrar o pau, eu não transo. Sempre peço aos meus clientes para ver antes. Preciso ter certeza de que não tem nenhum problema ou doença. É uma questão de segurança.

Silva e a puta ficaram alguns instantes naquela de manda tirar, e ele dizendo que não ia, enquanto pensava numa solução...

Sentado na minha sala, Silva me contava o presente que se dera ao completar setenta anos. Finalmente, punha em prática o sonho de adolescência. Queria transar com uma mulher cis sem ser descoberto como um trans. Sua transição foi tardia, aos 48 anos. Já tinha tirado as mamas e feito uma pan-histerectomia, ou seja, a remoção ou extirpação cirúrgica de todo os órgãos reprodutores internos. Continuava tomando testosterona e usava uma bomba de sucção para ter um clitóris avantajado. Pretendia ainda fazer uma metoidioplastia, a cirurgia para soltar o clitóris e construir um minipênis.

A barba ficou branca e não tinha falhas. O bigodão tapava o lábio superior. Apesar de toda a passabilidade, manifestava algumas inseguranças, refletidas num machismo que me incomodava. Vez por outra, dava-lhe uns toques, para evitar que se tornasse um babaca opressor, já que tinha sido tão oprimido a vida toda, dentro de um armário.

Almejava poder trocar seu nome e sumir no mundo. Queria ser homem e não trans, infelizmente, como vários outros que conheci. Pensam só em se libertar da transfobia. Eu até entendia, porque o sofrimento é grande mesmo, mas não iria contribuir em nada se não tivesse orgulho de ser trans, militando na luta por nossos direitos.

Esbaforido pelo calor e pela emoção de confessar, pela primeira vez, o que tinha feito, Silva pediu um copão de água gelada. E continuou:

— A puta então esticou o braço para mim, resoluta: "Não vou me arriscar por tão pouco. Toma tua grana e pode ir embora".

Completamente envolvido no relato, deixei escapar:

— Nossa, nem sei o que faria, acho que pegaria a grana. Mas peraí, conta antes por que e como você chegou até ela?

— Foi o seguinte: era domingo e eu estava lendo os classificados quando dei de cara com um anúncio: "Loura, massagista, faz de tudo, sem restrições". Quando vi "sem restrições", peguei o celular e liguei. Ela, com uma vozinha dengosa, falou que custava cem pratas o completo e me deu o endereço do motel. Achei caro, mas topei. Olhei primeiro a fachada do prédio, depois para os lados, conferindo se não havia algum conhecido. Entrei trêmulo. O local era simples, mas limpinho. A mulher tinha uns vinte e poucos anos, gatona, corpinho perfeito!

— Cara, você foi muito ousado! Mas o que realmente te fez topar essa parada? — perguntei, curiosíssimo.

— Lembra que te falei que meu pai levava meus irmãos quando éramos adolescentes num bordel e eu nunca pude ir? Então, só fui agora, pra saber se também conseguiria passar por um homem cis, como eles. É claro que era um teste, mas precisava tirar essa dúvida e me igualar a eles.

— Eu já tive essa vontade quando era motorista de táxi aos vinte anos e passava na Lapa vendo todas aquelas putas jovens na rua. Mas naquela época, nem prótese, nem camisinha existiam para comprar. Tive até paqueras de algumas clientes. Mas nunca topei. Só aconteceu mais tarde, com a terceira namorada. Na primeira vez que a comi no escuro, sem que ela percebesse nada, foi a glória. Mas continua, o que aconteceu depois?

— Calma, vamos aos detalhes que são importantes. Entramos no quarto cheio de espelhos. Ela foi logo me cobrando adiantado. Procurei a carteira na pochete e, quando levantei os olhos para pagar, ela já estava peladinha. Aí, cara, já fiquei todo excitado, só de olhar aqueles peitinhos durinhos. Ela então, toda sedutora, se roçando em mim, começou a desabotoar minha camisa. Até aí estava ótimo. Mas quando ela tentou abrir o zíper da minha calça, para botar meu pau pra fora..., foi a desgraceira.

— Já posso até imaginar. Você segurou a mão dela?

— E-xa-ta-men-te! Pra não ficar muito ostensivo, tirei então as minhas calças e fiquei de cueca. Pedi que acendesse só a luz da cabeceira, alegando um toque mais aconchegante, enquanto ia ao banheiro desanuviar a dor de barriga.

— Mas você já estava com aquela prótese vertebrada que serve para fazer volume e também quando esticada fica rija para trepar?

— Claro, né! Sou doido de ir trepar desapetrechado? Bom, voltando à cena inicial dela querer, depois, me devolver a grana. Ah, eu não ia mesmo voltar pra casa frustrado e continuar na eterna dúvida. Aí me veio uma luz e resolvi contar a verdade: "Não tenho nenhuma doença, pode ficar tranquila". Dei uma pausa para pegar fôlego e sentei na cama. Abaixando a cabeça, continuei: "Só tenho vergonha porque nasci com um pau muito pequeno. Então, só transo com prótese. Você se incomoda?".

— Diante dessa revelação inesperada, ela pareceu compreender, mas fez questão de botar o preservativo em mim. Cara, a essa altura eu suava frio, mas aliviado de ela ter topado. A cueca ajudava a tampar a cinta e a segurar a prótese de Cyberskin, macia, na temperatura do corpo e que eu ainda a mantinha levemente curva, para só depois esticá-la, marcando a diferença para quando necessitasse ficar rija.

— Foi então que veio o segundo martírio. Ela achava que estava botando a camisinha por cima de uma capa de silicone, que alguns homens cis usam para aumentar o pênis. Começou a dar uns apertinhos nas vértebras da prótese, tentando levantar minha autoestima: "Seu pau não é tão pequeno assim, posso senti-lo debaixo desta capa".

— Ave Maria! Que sofrimento a gente tem que passar para dar uma simples trepadinha. Putas despreparadas! — exclamei, sem me conter.

— Pois é. A gente é invisível mesmo para elas. O desafogo inicial foi se transformando em revolta, a cada tentativa de me consolar, enquanto repetia sem parar, sussurrando no meu ouvido, que não existia pau pequeno. Confesso que tive até vontade de ficar nu só para provar que existe, sim, pau pequeno. Mas me segurei para não estragar meu objetivo. A essa altura eu já queria terminar logo com aquilo. Estiquei a prótese, botando ela rija e montei em cima dela. Fizemos aquele "papai e mamãe" tradicional, rapidinho, sem muita invencionice, porque também não tenho mais tanto fôlego. Estou velho, né, meu chapa. Mas a vantagem é que, com prótese, você pode até brochar, mas não deixa a mulher na mão.

Ela gemeu, deu uns gritinhos como se tivesse gozado e aí eu parei.

— E que tal, foi bom? Você conseguiu gozar?

— Claro que não! Nervoso e puto do jeito que eu estava, você acha que tinha clima?

— E valeu as cem pratas que você pagou?

— Valeu! Tive certeza de que ela não desconfiou de nada. Saboreei também um gostinho de vingança com o meu pai, que morreu sem nunca ter me aceitado como homem. Missão cumprida, mas noutra dessa eu não entro mais.

12. Expulsa do shopping

Desta casca que me visto,
me revisto, me transformo,
acostumado com minha solitude,
não perpetuo sonhos ou ilusão.
Me prenderam aqui ao nascer
e me prendi à sua opinião.
Otto Luz

O caso de Marta acabou famoso na comunidade LGBT. Imagina! Uma trans expulsa do shopping pelas mulheres! Marta me recebeu na pequena quitinete em que vive. Me serviu um café ralo e pigarreou, algumas vezes, antes de começar a falar. A voz grossa e rouca de quem fuma há décadas e o cabelo louro desbotado, com dois dedos de raiz grisalha à mostra, davam-lhe um ar cansado. Mas a forma doce e calma como contou sobre sua vida, entre um sorriso e outro, contrastava com a dramática situação de qualquer travesti que viveu nos anos 1960.

— Nasci em 1949 e só digo uma coisa: passou rápido demais — iniciou.

Os óculos de grau, de aros grossos e lentes riscadas, compunham aquele rosto envelhecido, em que a força do tempo e da gravidade mostrava seus rastros. O silicone que aplicou quando jovem nas maçãs do rosto estava um pouco caído, até deformado, mas ainda vívido, como sua própria história.

— Eu não tinha nem vinte anos. Acabava de retocar meu batom, no espelho da loja, quando meu patrão me chamou: "Marta, precisamos conversar. Você entrou aqui como manequim e hoje você é a nossa melhor vendedora. Mas surgiu um probleminha. As mulheres do shopping fizeram um abaixo-assinado pedindo a sua expulsão. A justificativa é que você é homem e que está frequentando o banheiro feminino.

"— Mas como elas descobriram?

"— Isso não importa.

"— Mas eu tenho o direito de saber, por favor, me diga como foi.

"— Aquela gerente que entrou recentemente descobriu a sua documentação e que você é travesti. A notícia se espalhou pelo shopping e há grande risco de haver uma agressão feia.

"— Bem que eu achava aquela senhora muito rancorosa.

"— Você pode trabalhar na loja da rua Consolação, embora não venda tanto."

Era nítida a mágoa de Marta ao reproduzir o diálogo em que seu patrão pedia que saísse do emprego por ser trans, mesmo depois de anos trabalhando naquela loja do shopping paulista. Mas o rosto não mudava muito de expressão, como de alguém acostumado a uma vida cheia de desafios. Continuou:

— Aquela rejeição foi um choque. Ao mesmo tempo, me fez cair na real. Percebi que o mundo deslumbrante em que eu vivia era falso. A personagem que emergia de mim não era eu, o Márcio Carlos de Almeida, filho de dona Tita e seu João Carlos. Na verdade, era essa Marta que eu mesma criei, ela era eu. Senti o peso da sociedade contra mim. Como num filme em flashback, fui relembrando minha infância, uma família de onze filhos perto da Serra da Saudade, em Minas Gerais. Morava em uma fazenda com muitos bichos, muita liberdade, cavalo sem sela, muita alegria. Sempre me senti uma menina, e ninguém questionava isso. Achava que, quando entrasse na adolescência, meu corpo mudaria e teria seios. Mas o tempo foi passando e eles não apareciam. A descoberta da minha homossexualidade na adolescência nunca foi discutida. Só percebia que meus irmãos se apaixonavam pelas meninas e eu, pelos meninos. E como tinha uma natureza muito feminina, os rapazes é que vinham a mim. Chegou uma hora em que não dava mais para morar com minha família. Resolvi ir para o Rio de Janeiro, continuar os estudos, e fui para a casa de uma tia. Sempre fui uma pessoa falante, alegre, com capacidade de agregar gente à minha volta. Fazia teatro na escola, me sentia livre. Aos poucos, percebi que fazia parte de uma minoria. Na verdade, levava uma vida diferente, não que fosse trágica. No começo dos anos 1960, não era comum se falar de sexualidade. As mulheres em geral não tomavam iniciativa, elas é que eram paqueradas pelos rapazes. Só no Rio de Janeiro fui ter contato com amigas homossexuais (trans ainda não existia), que tomavam hormônios, os famosos anticoncepcionais, que eram novidade.

Marta mistura suas histórias indo e voltando no tempo, emendando as lembranças boas e ruins. Deixei-a falar, sem interromper:

— A separação da minha família foi complicada. Hoje vejo que foi muito bom, porque me deu oportunidade de viajar, conhecer a Alemanha, a Itália, a França. Se tivesse ficado, só seria mais uma caipira lá na roça. Na escola, com uns dezessete anos, conheci um parceiro bem mais velho, com uns quarenta anos. Larguei estudo, larguei tudo e fui morar com ele. Minha tia era extremamente homofóbica e pintou logo uma aversão. Eu não queria mais voltar para casa. Com o Pedro, fui trabalhar no mundo da moda, já como travesti. Não virei travesti, eu nasci travesti. Desde a infância, sempre fui confundida com uma menina. Ninguém se espantou quando me viram com o cabelo na cintura e de peitos. Nem eu me espantei. O problema maior era a documentação. Me ofereci para trabalhar numa função bem modesta. Fui ser faxineira numa butique no posto 4, em Copacabana, numa rua cheia de showrooms que vendiam roupa no atacado. Não era bonita, mas tinha as sobrancelhas grossas, muito cabelo, bem preto, com a pele bronzeada, chamava muito a atenção. A dona da loja, quando me viu, propôs que eu trabalhasse de vendedora. Eu tinha uma boa educação, fiquei com ela uns quinze dias e arrasei. Logo depois, um estilista chamado Luiz, de São Paulo, estava lançando uma nova confecção. Ele e o sócio acabaram ficando muito ricos. Quando ele me viu, ficou louco e me chamou para morar com ele. Fazia as roupas no meu corpo. Virei manequim. Foi deslumbrante eu, com dezoito anos, vestindo roupas e sapatos femininos, trajes de banho, sempre no palco, no tablado.

Ela muda a expressão sonhadora ao continuar o relato:

— Como era muito ingênua, não tinha atentado ainda para a esperteza dos outros. Ganhava um salário mínimo, 84 mil cruzeiros por mês, e ainda comprava o pacote de cigarros dele, que custava 450 cruzeiros. Desfilava nas feiras da Fenit, já que ainda não tinha a Fashion Week. Limpava as vitrines da loja, assim como o banheiro da confecção. Corria depois das seis da tarde para a loja do shopping, onde vendia mais e ganhava comissão. Foram três anos usando sandálias Christian Dior, almoçando e jantando com colunistas de moda, inclusive a Costanza Pascolato, ainda jovem como eu. Como causei rebuliço no shopping pela minha aparência exótica! Minha pele morena contrastava com a das paulistas ricas. Eu, magérrima, 1,72 metro de altura, com meu cabelo passado a ferro por cima de um papel de seda. Depois rodava ele todo e botava uma meia, que usava toda noite, porque meu cabelo sempre foi crespo. As mulheres se tratavam como rivais e me viam como uma inimiga em potencial. Descobri que minha saída seria arranjar um bom partido. Mas aquela gerente invejosa me derrubou... E onde arranjaria outro emprego depois de ser expulsa do shopping? E agora, o que seria da minha vida?

Imagino que a essa altura ela já não estava com o tal estilista explorador. Percebo o nervosismo dela:

— Marta, senta aqui que eu vou buscar um copo d'água com açúcar — falei, querendo acalmá-la, como se fazia antigamente.

— Lembrei das amigas travestis que eram perseguidas por um delegado chamado Erasmo — retomou ela. — Consegui arranjar um emprego para uma delas numa confecção. Depois ela foi para a Europa e, muito grata pela minha ajuda, me escrevia sempre: "O que você ganha aí num mês eu dou de gorjeta aqui na França". Ela tinha posto silicone no corpo, feito plástica no nariz, estava um deslumbre.

Marta agradeceu a água, que bebeu aos golinhos, enquanto parecia arrumar as lembranças na cabeça:

— Com essa amiga que foi pra Europa, fiquei pensando que eu não tinha talento para ser profissional do sexo. É preciso ter uma série de qualidades. Tem que ter uma estrutura emocional muito forte, ter uma abnegação. A clientela é muito variada, com necessidades muitas vezes bizarras, que não se explicam. O homem que procura uma delas precisa sair dali e voltar para casa emocionalmente bem. É estranho que a sociedade nunca tenha

reconhecido a profissional do sexo enquanto elemento fortale-
cedor da família. Esse cliente poderia pagar um psicólogo ou
psiquiatra, mas esses profissionais não vão às vias de fato como
a prostituta. Ela é um esteio para a família. A grande clientela é
de homens casados. Muitos são bissexuais ou homossexuais, que
casam para manter a vida social, para esconder a sua realidade.
Eles precisam desse escape para manter o equilíbrio.

Não fiz nenhum comentário. Não cabia questionar se valia
a pena ou não ajudar as pessoas a continuarem no armário. Em
geral, as prostitutas gostam de pensar que ajudam as famílias.
Ela prossegue:

— Acabei me prostituindo e pagando os meus estudos. Falo
quatro línguas e estou sempre estudando e lendo muito. Mas
acho lamentável a pessoa se prostituir. Acho muito doloroso. A
violência parte de nós, humanos. E por que geramos espinhos se
podemos gerar flores? Seria tudo tão mais fácil.

— E você trabalha atualmente?

— Hoje sou técnica em enfermagem e socioeducadora do
Centro de Referência da Diversidade (CRD), um braço da ONG
Grupo Pela Vidda, que já existe há 29 anos. Acolho pessoas que
foram excluídas na sociedade, dando apoio, discutindo textos,
fazendo mudanças de nome junto com o departamento jurídico.
Recentemente, fiz parte de uma exposição sobre o feminino na
cidade de São Paulo, algo muito importante, não só para mim,
mas para todo o movimento de travestis e transexuais.

— Tanto você quanto eu somos pessoas transidosas. Já pensou
alguma vez sobre a morte?

— Sou espírita, adoro ópera e em breve irei completar setenta
anos. Envelhecer é o prenúncio de um descanso, de um final.
Não tenho mais medo de morrer. Tenho até certa curiosidade.

13. Nascida do luto

A partir de um dia qualquer
Eu não estarei mais aqui
Sob este sol de inverno
Sob esta luz sedutora
A tocar minha pele.
Viviane Mosé, "Ode à vida"

Valquíria se encontrou comigo em um café para dar seu depoimento. Disse que aquela conversa seria como uma sessão de psicanálise, na qual poderia expor todos os fantasmas do passado. Ouvi, atento, sua fala culta, elaborada, com palavras escolhidas. Passou por seminário, foi casada, sadomasoquista. Tantas vidas em uma só. Nasceu do luto de uma mãe triste, e tentou suicídio algumas vezes antes de se assumir travesti.

— Foi um alívio muito grande porque nem estava aguentando mais. Uns dois anos antes tinha até decidido me matar. Assim me tornaria uma travesti autolimpante: em vez de os outros me matarem, eu mesma me mataria — comentou com amargura.

— Minha mãe ainda estava de luto fechado quando vim ao mundo, em 24 de janeiro de 1962 — começou a contar. — Minha avó materna tinha morrido um ano antes, o mesmo ano da renúncia do presidente Jânio Quadros, o que deixou o país de pernas para o ar. Foi muito marcante para ela, e de algum modo para mim, essa perda da minha avó. Anos mais tarde, já passada dos quarenta anos, fui tomada por uma memória de choro e de gritos. Ao mesmo tempo que aquilo me era claramente familiar, também era estranho, pois não era meu o choro. Deduzi que aquele som que estava no fundo da minha cabeça era o choro da minha mãe, era a minha pré-memória daquele ruído avassalador de desespero do luto refletido no útero. Mas foi naquele instante que me separei dessa experiência. Só então ela me contou que ficou desconectada naquele período. Foi preciso a televisão passar um documentário recordando aquele momento tumultuado da vida política do país, o mesmo da perda da mãe dela, para que ela se lembrasse da dor que sentiu, como se também tivesse morrido um pouco.

— E como você acha que isso refletiu na sua vida?

— Nasci dessa contradição, fui gestada no luto de uma morte tão significativa. Os ponteiros na minha vida foram invertidos: onde todos apontavam para um lado, meus ponteiros se viravam para o outro. Quando me perguntam por que não me assumi antes como travesti, digo que tive dois motivos: o primeiro é porque minha mãe, em algum lugar, se sentiria culpada. Imagino que, num primeiro momento, me diria que eu estava errada. Depois, observadora como era, veria que eu tinha razão. O segundo motivo foi tentar seguir o bom senso: se nasci com um corpo masculino, por que brigar com a natureza e o que a sociedade espera do papel do meu corpo? Esse foi o meu ponto de partida, foi daí que nasci.

— O que você lembra da infância?

— Fui a quinta filha precedida por duas mulheres e dois homens. Depois viriam mais duas irmãs, gêmeas, trazendo mais surpresas para minha mãe. Fui cuidada pelo meu pai, a quem me apeguei bastante nessa primeira infância, pela minha irmã e por quem estivesse em casa, incluindo minha mãe. Precisei me acostumar a seus momentos de ausência e silêncio, não propriamente de rejeição. Até os cinco anos, cresci numa inocência confusa. Diziam-me que tinha um corpo de menino, mas, para mim, a diferença dos corpos era um mistério. Quando eu perguntava sobre sexo me respondiam: "Quando você crescer vai entender". Minha conclusão, que me tranquilizava, era a de que quando crescesse tudo iria se resolver de algum jeito e eu me tornaria uma mulher. Era só esperar que passasse essa fase em que me chamavam de homem. Lá na frente, tudo se acertaria, porque era isso o que estavam me dizendo. De início, minha mãe tinha uma atitude ambígua comigo. Deixava-me brincar com seus colares, brincos e broches, até que o machismo homofóbico do meu pai se manifestou e mamãe mudou. Não entendi o porquê e, numa das nossas conversas, lhe disse que não sabia bem como me comportar, mas não me referia sobre ser menino ou menina. A dúvida era se deveria ser mais acesa ou mais quieta.

— Qual foi a reação dela?

— Minha mãe me ensinou a ser uma boa filha: obediente, aguentar calada, sob o manto do respeito. Ficar quieta, sem me revoltar. Era como ela agia em relação à mãe dela. Essa avó se tornou para mim uma idealização: uma espécie de modelo ancestral, que tinha escapado do meu universo. Mas foi aí que eu precisei operar da fimose, quando se colocou mais claramente para mim um destino de menino e, não, de menina. Foi uma experiência traumática, muito dolorosa, a anestesia não deve ter sido suficiente. Todo mundo precisou me segurar, meu pai, minha mãe, o auxiliar do médico. Nenhum dos meus irmãos tinha feito essa cirurgia. Lembro-me de ter gritado para todos irem pescar. Não sei de onde a música "Arrastão", na voz de Elis Regina, e a visão do mar tomaram conta de mim. Queria só estar longe dali, daquele ambulatório. O episódio acabou se tornando uma anedota familiar. Voltei da operação. O pênis modificado, mas continuava lá... A ordem categórica dada por minha mãe e por todos, de ter de me comportar e me vestir como um menino, era um dever que tinha que cumprir. Fui lentamente introjetando esse processo de recalcar a minha identidade feminina. Um dia me chamaram para brincar com um grupinho de meninos. A brincadeira chamava troca-troca. Achei interessante a novidade, mas não senti absolutamente nada. Lembro-me de como aquilo me pareceu muito estranho e sem graça, para o que teria sido um episódio voluntário de começo da descoberta da sexualidade. Já adulta, uma pessoa conhecida me procurou para me dizer que tinha abusado de mim na infância, antes dos cinco anos. Seu objetivo era querer meu perdão, mas eu não tinha do que me lembrar. Por ter feito terapia, descobri que poderia ter apagado essa memória.

— Você sofreu bullying na escola?

— Meu tipo físico de menino era mais arredondado, tinha coxas, bundinha de criança. Aos nove anos comecei a apresentar ginecomastia. Os garotos queriam passar a mão, mas eu não gostava e logo saía no braço. Eram outros tempos, e escola era lugar em que se aprendia a brigar também. Nada de reclamar na direção, nada de falar para os pais. Aliás, se falasse que tinha apanhado na escola, apanhava de novo em casa. Era um mundo com outros valores, não melhores que os de hoje, apenas outros. Essas ocorrências na escola não eram extraordinárias. Havia um padrão de violência escolar nos anos 1970. O que acontecia de diferente era que eu era procurada, mesmo não sendo nem tentando ser efeminada, pois ninguém nunca me corrigiu dizendo "olha, você está sendo feminina", e eu era paquerada pelo meu corpo. Essa é uma característica da travesti, que desde a infância apresenta uma sensualidade que, por mais escondida que seja, vai ser vista, incomodar. Marcou minha infância. Na escola não tinha a conduta de querer ser sedutora. Essa postura tive aos quatro ou cinco anos, quando imitava uma trapezista que vira no Circo de Moscou, com um maiô bem cavado. Achei lindo e enfiava a cuequinha pelo meio da bunda e desfilava, dançando em casa. Aos oito anos, já havia reprimido meus desejos. Não sei o quanto meu pai soube de minhas pequenas investidas como travesti. Se ele me viu quando desfilava de "tanga" na hora do banho ou brincando com as coisas da minha mãe, experimentando ser menina. Uma certeza eu tinha: não era uma fase. O ápice desse processo aconteceu aos dez anos. Foi no dia em que vesti uma camiseta um pouco mais justa e os "faróis" dos seios acenderam. Os bicos ficaram intumescidos. Do nada, meu pai apareceu e começou a dar pequenos tapas nos meus seios, me mandando colocar "essas coisas pra dentro". A partir daí, passei a usar camisetas dois números maiores. Essa regra ficou na minha vida, até começar, muitos anos mais tarde, a usar roupas femininas. Esse episódio encerrou minha infância, na hora em que meu corpo se revelava travesti, sem roupas femininas nem hormônios e incomodava meu pai. Sou interditada por ele.

— E que consequências você acha que teve essa interdição paterna?

— Engolir e recalcar pesou muito. Tive sequelas ainda na minha infância. Além da alta ansiedade, comecei sozinha a querer me amarrar e me bater. Progressivamente fui me iniciando na minha primeira prática sexual, o sadomasoquismo. Era, ao mesmo tempo, o que me aliviava e o que agravava minha tensão. Nenhum esboço de interesse por meninas ou meninos. Esse fato só foi relembrado quando já passava dos quarenta anos, ao procurar ajuda de uma terapeuta para resolver minha grave crise de angústia. Depois da sessão, em que me recordei pouco a pouco de tudo o que me aconteceu, comecei a tomar coragem. Comecei a me vestir e sair com roupas femininas na rua, primeiro para a terapia, depois em público, para outros lugares.

— Mas e o começo da adolescência, como foi?

— Dos onze aos treze anos tentei me resolver fora de mim e fora de casa: escola, amigos, igreja. Sobretudo na igreja, onde havia os movimentos de juventude. Eram alegres, cantavam e me aliviavam do meu bloqueado e pesado eu interior. Talvez o resquício da permanência daquele antigo luto, mas agora não era mais o da minha avó, mas eu mesma, que tinha morrido. Sentia-me enterrada debaixo de uma pedra. Um cadáver no meio da sala. As pessoas eram obrigadas a se desviar daquele túmulo. Aquela turma da igreja foi o contraponto, uma tábua de salvação. Às vezes, pintava até um baile à noite e eu conseguia ir.

— E o sexo?

— Aos treze anos tinha chegado num orgasmo provocado por mim mesma. Foi quando caiu a ficha de que "aquela coisa" que sentia, quando me amarrava e me batia, era orgasmo. Fiquei numa situação conflituosa, pois foi justamente quando meu pai resolveu que os filhos homens tinham "que crescer" e obrigou-me a tomar testosterona. O resultado foi catastrófico! Meu corpo, que não se apresentava masculino, começou a ficar "de homem". Pela primeira vez pensei em suicídio. Acho que o que me salvou foi que conheci um rapaz pouco mais velho que eu. Ele me viu de short e me pediu licença para transar comigo, porque "eu tinha pernas de moça". Que massagem para o meu ego tão solapado. Pedir licença não foi força de expressão. Ele foi mesmo muito educado nessa cantada. Não era um short escandaloso, nem estava me exibindo. Não foi uma relação sexual completa. Seu pênis era grande e eu era apertadinha. Ele achou que ia me machucar. O que importa é que ficamos juntos, o que considero minha primeira vez, de fato, me relacionando com um homem. Aos dezessete, voltou o desejo de querer me vestir de mulher. Não sei como não enlouqueci. Ia com duas mudas de roupa para a escola. Passava para os outros a impressão de que "não ligava para a vestimenta", mas travava, sempre que tinha que escolher uma.

— Você conheceu alguma pessoa trans nessa época?

— Soube que tinha um rapaz, filho de gente conhecida, que tinha sido expulso de casa por ter se assumido travesti. Eu vivia numa cidade em que era visível a prostituição de travestis. Ficou muito claro que não era essa vida que queria para mim. Mais uma vez, me coloquei numa condição sem alternativa. O pouquinho do que levantei a pedra e olhei para elas, novamente me vi sem projeto, não havia possibilidade. Era respirar fundo e tentar me virar de outra maneira, mas qual? Como não conseguia lidar com minha sexualidade, comecei a achar que tudo isso era "coisa do demônio". Caí de quatro na religião. Porém, eu possuía uma vacina em casa. Meu pai tinha sido seminarista, um fanático religioso. Fazendo terapia, tornou-se um crítico do próprio fanatismo. Quase me bateu quando avisei: "Pai, eu quero ir para o seminário". Ele respondeu: "Essa loucura foi minha! Não consinto, enquanto você for menor! Quem manda, por enquanto, sou eu. Depois dos dezoito você resolve, até lá tem tempo para pensar".

— Conheço outras pessoas que também pensaram na igreja para fugir de se assumirem LGBTs. Você já tinha pensado nisso antes?

— A primeira vez que me ocorreu ser padre foi por volta dos cinco anos. Sentia que precisaria ser um homem diferente dos outros. E ser padre era aceitável. Fiz dezoito e fui. Resolveram que, em vez de entrar no seminário com a turma toda, me colocariam numa espécie de estágio, com padres formados e mais velhos. Com isso não tive dificuldade, pois sempre andei com gente mais velha. E como buscava fora a alegria que estava faltando dentro, não fui obviamente para uma ordem contemplativa e reclusa, mas para uma voltada para a educação. Já gostava, desde criança, de aprender junto e de ensinar coisas. Os padres mais idosos eram pessoas que já haviam enfrentado depressões, doenças e que tinham trabalhado muito com gente, senti ali simplicidade e profundidade. Um deles me deu um conselho: "Aguenta, porque a vida é grande e ela é maior do que qualquer coisa que você esteja passando agora". Entre eles, um padre mais novo e sensível percebeu que eu apresentava algum problema e tentou se aproximar de mim. Não tive coragem de me abrir. Minha alienação era tanta, que não sabia nem o que dizer. Misturava travestismo com uma modalidade de sadomasoquismo, uma espécie de doença por querer me agredir o tempo todo. Aos poucos, ele foi me mostrando que a vida regrada religiosa, disciplinada, me orientava, os horários comuns me davam ritmo. Fui me organizando dentro da minha ansiedade. O sadomasoquismo foi zerando como conduta. Passado algum tempo, deixei o seminário. Chorei por causa dos amigos que deixei. Sabia que estava trocando o certo pelo incerto, mas não tinha mais cara de ficar lá, porque seria uma encenação. Voltei para casa, à mudez, à solidão e ao isolamento. Embora eles gostassem de mim, não havia abertura para me fazer compreendida. Coitados, eles também não tinham nenhum tipo de informação. Como é mesmo o nome daquele grupo do Facebook de mães e pais que dão apoio a trans e homossexuais?

— Tem alguns, mas o que conheço mais é o Grupo Nacional Mães pela Diversidade. Tem representação em todos os estados do Brasil.

— Pois é, naquele momento teria me ajudado muito, pois eu novamente queria morrer. Ao voltar para casa, o interesse da família se restringia em saber da minha vida como noviça. Uma enxurrada de perguntas: "Tinha seminarista que transava com seminarista? E pedofilia? Tinha seminarista transando com mulher fora do seminário?". Falei o que vi, se alguém fez escondido, aí não sei. Não era uma comunidade perfeita, mas era bacana. Tenho vários colegas que são meus amigos até hoje. Boa parte fala daqueles anos com saudades, pois éramos amigos de verdade, mesmos ideais, alguns alienados, outros nem tanto, mas a gente dividia uma experiência de querer e buscar alguma coisa com sinceridade.

— Quando você se apaixonou?

— Foi por um colega de seminário, mas só depois fui entender que era paixão. Na época, senti como amizade, afeto, mas tive que "rever meus conceitos" para resgatar esse sentimento bom por ele. A automatização do ser homem estava tão ligada que, se não deu certo ser padre, o próximo script masculino era casar. Saí do seminário e voltei a trabalhar. Minha vida profissional e acadêmica andou. Tornei-me professora do estado, fui dar aula na PUC de Campinas, entrei na Unicamp para fazer computação, tudo com minha "passabilidade" masculina. Então, "dei certo". Veio o namoro e o casamento. Expliquei como me sentia, tinha dificuldades com a relação sexual, pois morria de medo de engravidar a namorada e nem sei mais o que estaria por trás desse medo. Falei de gostar de me vestir com roupas femininas, do sadomasoquismo. Resultou desse contrato de relacionamento uma união e uma separação. Ela não segurou a peteca. No final me disse na cara: "Não quero mais saber dos seus problemas. Resolve primeiro essas suas questões. Se entre nós tiver afeto e intimidade, estará ok". O relacionamento teve um efeito anestésico. Dava certo em parte, mas, quando terminou, compreendi que, de ambos os lados, as bases foram completamente equivocadas. No final, ficou sem sentido a pergunta "quem enganou quem?". Chegou a haver uma disposição de construirmos uma vida juntos. O grande evento acabou sendo dar a vida a um filho, o que foi possível a partir do aspecto masculino do meu corpo, que me fez ser, de algum modo, mãe. Mesmo que hoje ele não queira falar comigo, estive presente na sua infância e no comecinho da adolescência. Meu filho só morou comigo até os quatro anos. Depois de oito anos de casados, nos separamos e ela o levou junto.

— Que coincidência! Também fiquei oito anos casado e meu filho tinha quatro anos também, quando nos separamos. A única diferença é que meu corpo não participou da feitura do dele. Mas fui o pai que o criou e hoje nos entendemos muito bem.

— Pois é, mas o meu, infelizmente, não quer nem me ver. Aos meus olhos, o casamento não deu certo porque nenhuma instituição iria sustentar um projeto existencialmente impossível. Quando a gente não pode ser o que se é, por mais competência que tivesse no desempenho masculino, não era suficiente. Faltava algo para ela e para mim. Não queria essa vida, e não se tratava de uma condenação moral, mas dessa obrigatoriedade de ter um "destino social". Até hoje meus colegas do serviço público me perguntam se, por ser travesti, sou puta. Tenho que lembrar a eles que meu cargo é de dedicação exclusiva, então, mesmo que queira, preciso antes fazer um comunicado ao órgão público em que trabalho. Fui protelando porque não via como assumir minha condição de travesti. Ela não cabia na realidade. A prova é o tanto que se mata travesti. É uma realidade tão violenta que ela não pode existir. Não sou burra e estava olhando muito bem as condições sociais. Ainda por cima, estava numa religião cristã, em que negar-se a si mesma era um valor. Pode-se argumentar que é bobagem ficar atrás de religião. Concordo, mas não estou falando do "deve ser". Falo do que foi e quando foi. Olhei o que tinha em volta e disse "não dá".

— Você ficou quanto tempo com sua primeira esposa?

— Fiquei casada dezessete anos. Divorciei. Entrei num novo relacionamento, com uma mulher cisgênera, mas em outras bases, com ela sabendo e vendo meus vestidos. Mas à medida que a relação se desenvolveu, entramos as duas num contexto de negação e o relacionamento acabou. Preferencialmente, prefiro relações com mulheres. Sou uma travesti bissexual. Porém, atualmente, me vejo mais tendo uma orientação lésbica. Hoje tenho meu relacionamento com a Sílvia, que está bastante doente, mas que foi uma pessoa que me ajudou muito no passado. Ela é terapeuta floral. Foi ela que começou a me ver: "Olha, esse floral é para abuso na infância, não sei por que saiu para você". Depois vinha: "Olha, esse floral é para quando a mulher se esquece da alegria de sua menina de infância", e assim foi indo e me apoiando. Acabou sendo uma das primeiras pessoas que me viram como travesti, já arrumada. Com ela percebi que o problema era me sentir velha demais para mudar. Realmente teria feito sentido aos dezesseis, mas às portas dos cinquenta anos, não fazia mais. Era o caso de encostar no barranco e esperar a morte chegar. Consegui vir até aqui; agora, é só esperar o fim, e pronto. Mas a minha menina de dezesseis anos interna estava cheia de vida. Antes de começar o relacionamento com Sílvia, ainda tive um outro, também com uma mulher cisgênera, que tinha terminado nesse impasse: "Olha, não dá. Eu vou assumir em público que sou travesti". E ela não tinha como lidar com isso.

— E como foi esse processo de se assumir travesti?

— Nessa época, eu estava novamente em terapia. Devagar, comecei a ir vestida de mulher. Depois, no meu prédio, na vizinhança, em casa, no supermercado, na farmácia, passei a ter visibilidade como travesti. Um laboratório em que, progressivamente, fui mudando, pontuada por dois marcos. Um na Unicamp, porque algumas travestis e transexuais conseguiram entrar na universidade, mas alguém resolveu pichar os banheiros femininos dizendo que elas não podiam estar lá. Aí me caiu a ficha que a boba aqui estava obedecendo a uma conversa com a mãe de 1966 e a gente já estava no século XXI. Se na primeira vez em que entrei na Unicamp, em 1980, já estivesse visível, essa turma estaria passando por um mato mais baixo. Percebi que estava naquela aposta de que "no futuro tudo vai se acertar", que ele havia chegado e que, hoje, podia estar acontecendo de uma menina de quatro anos estar ouvindo, de novo, da sua mãe que ela precisava se comportar como menino. E ela obedecer! O mundo não tinha mudado! Como diria Kant, despertei de meu sonho dogmático, me vesti e fui para a reunião do grupo de pesquisa avisar que eu era travesti. Enfim, entendi o valor da visibilidade: a gente escondida não muda nem transforma nada, não abre caminho para ninguém.

— E a faculdade se adaptou ao ingresso de pessoas trans nos quadros de alunos e professores?

— Criaram o Núcleo de Gênero e Sexualidade do IFSP, do qual me tornei membro. Na primeira reunião presencial fui com roupas femininas de Campinas a Sertãozinho. Quando cheguei lá, pensei: "Vou vestida de mulher, vim vestida até aqui, se o núcleo de gênero não puder me aceitar como travesti, então quem vai?". Nesse evento também tinha alguns alunos meus que foram me ver. Alguns ficaram surpresos com meu visual, mas falei, como uma boa mãe: "Calma, que lá em casa eu explico". E, na volta, me apresentei aos alunos. Passei a ir com minha visibilidade de travesti ao trabalho e fechei esse ciclo.

— Por que você não usa o termo se "montar", como faz a maioria das travestis?

— Porque não me monto, apenas me visto mesmo, como me sinto. Um aspecto importante da terceira idade para mim é esse estado em que vivo de pós-suicídio. Um dia a mais que eu me permiti. Surge com uma certa leveza. Não tenho a pretensão de modificações corporais como as que minhas amigas travestis mais jovens têm. Já realizei muita coisa e entendo perfeitamente quem, com dezesseis anos, pretende mudar seu corpo para vivê--lo dentro de um gênero que entende ser o seu. Para mim, a hora foi quando venci aquele desânimo de "encostar no barranco e esperar a morte chegar", que se agrava em "a morte está demorando, vamos apressar isso e se matar". Por fim me fiz a última pergunta: "Mas por que então não mudar tudo e viver?". Passei pelos três estágios da terceira idade, uma lição com que muitas pessoas que conheço dessa faixa etária se identificam: não existe esse negócio de esperar a morte chegar. Vejo isso na Sílvia, que, com 63 anos, enfrenta doenças danadas. Pego na sua mão e ela se torna uma menina na minha: o olho brilha, ela ri. Nunca ouvi da sua boca "eu quero morrer". Com ela aprendi mais esta lição: não é porque tenho quase sessenta anos de idade que não vou ser quem sou. Interessante que recebo uma aprovação de pessoas mais velhas que me dizem: "Eu não entendo o porquê de você mudar de homem, que você era, para travesti, mas entendo o que você está fazendo". De onde vem essa empatia? É porque vivem a mesma coisa. O fato de você saber que imaginariamente tem menos tempo que os outros dá uma nova qualidade para esse tempo: "Vocês me deem licença, já cumpri com muitos deveres, agora vou realizar algumas coisas que são importantes para mim". Alguns fizeram isso a vida toda, outras, como eu, foram educadas para os deveres. Não acho que deva condenar uma outra forma de viver, mas, sim, de que é aí que cada um é um, passa pela sua individuação.

— Como foi sua transição? Você faz tratamentos hormonais, fez cirurgias?

— Rio de mim mesma e falo: não sou nenhum exemplo a ser seguido. Porque não é bom deixar essa transição para tão tarde. Como na questão dos hormônios, que deixou minha médica preocupada comigo. Já tomei clandestinamente, experimentei, adorei, me senti bem, ótima, mas a pressão começou a subir e pensei: "Ficar linda, divina, maravilhosa e com AVC ou trombose não dá". Então suspendi, voltei na médica, fui conversar e estamos negociando. Mas o corpo não é uma máquina que tudo aguenta. Meu histórico de família não ajuda, papai morreu de câncer, mamãe também, tenho que ter atenção. Aí fui fazer o laser no rosto, porque tomando testosterona fiquei entupida de pelos. Por sorte, cresci numa família com muitos modelos de mulheres, o suficiente para saber que travesti é algo que está em mim. Não preciso imitar ninguém. Sei que as mulheres são diferentes umas das outras, assim como as travestis. Cada uma é uma. Outra vantagem da terceira idade é que já se tem uma história pessoal para não dar a mínima de como as pessoas te olham, ou o que elas pensam de você. Toda a solidão em que nasci, a vivência próxima da morte que acabou acontecendo em minha vida, me ensinou que temos que usar a nosso favor a solidão da morte. É como uma afirmação de nossa liberdade de ser e de fazer, não só diante do Estado e da sociedade, mas diante de mim mesma e da minha consciência. Quando começo a ficar confusa digo para mim: "Acorda! Quando você morrer, quem vai morrer? Você! Então quem é a pessoa mais importante? Você!". Com meus alunos brinco muito com minha condição travesti. Desejo que eles vejam de uma forma lúdica a travesti que eles têm como professora. O que se torna familiar diminui o preconceito.

— Atualmente, percebemos um movimento cada vez maior de despadronização dos corpos. Há pessoas trans que se denominam não binárias, que não se preocupam com roupas tidas como femininas ou masculinas, como também temos aquelas que não querem se hormonizar. O que você pensa disso?

— Acho que cada um tem que ser o que quiser. Não tenho vergonha por não ser um padrão de mulher. Sou uma bem diferente da maioria. Aliás, conheço poucas travestis e nem o pajubá sei falar [um dialeto que tem origem no iorubá, muito utilizado pela população LGBT e pelo candomblé]. A sociedade quer nos impor um lugar, nos dar um destino, criar uma personagem para nos chamarem de travesti. Na hora em que entendi que a travesti não tem lugar, *nós teremos que criar um lugar para ela*. Eu não era mais a criança de quatro anos, desprotegida. Agora, como travesti, já sou considerada uma pessoa idosa. Poderia ter despertado com dezesseis, vinte ou quarenta anos. Portanto, não me cabe dizer que "não me arrependo de nada" ou que "faria tudo igual". Tal como minha vida se deu, tanto sofri como fiz muita gente sofrer, por querer cumprir um dever, como se o cumprimento deste fosse um bem em si mesmo.

— Nesse caso você vê vantagem em ser uma transidosa?

— Ah, sem dúvida ser da terceira idade permite assumir "eu errei". O que posso dizer do que vivi é: não se imbua do dever em insistir ir além do que se é, negando seu próprio eu, impondo sofrimento a você e aos outros. Precisamos parar de mentir sobre a travesti. Um quer chamar de transtorno, outro de disforia, doença ou pecado. Mas não se dá nome à condição de ninguém. Onde acertei foi ter esgotado todas as possibilidades do meu "dever". Nenhuma dessas possibilidades me trouxe qualidade de vida ou mudou a minha condição de travesti, que surgiu desde criança. Não tinha nome, classificação nem razão de ser. No mundo atual, já estamos conseguindo preparar um futuro para essas crianças. Falta nos tirar do CID (Código Internacional de Doenças), do capítulo das doenças mentais, o que deverá acontecer em 2019, com o CID 11. Aí então abrandarão os motivos para que uma criança de quatro anos não passe pelo que passei em 1966.

— Será uma grande vitória!

— Essa notícia é ótima! Mostra que continuamos avançando na psicologia, na educação, nas ciências sociais, na medicina. É a força da militância e o poder da visibilidade. As famílias também precisam ser ajudadas, esclarecidas, para que nenhuma criança, nenhum pai fique desamparado como ficamos na década de 1960. Eu testemunho essa evolução e isso corrobora a minha terceira idade. Não me sinto desprezada. Meu "mercado de relacionamentos" é praticamente nulo. Se não estivesse numa relação afetiva significativa com a Sílvia, estaria só.

— O que você pensa sobre a solidão?

— A solidão é uma condição em que as pessoas de mais idade ficam, mas no caso da travesti está associada ao abandono e ao preconceito. Tenho pessoas que têm uma trajetória comigo, mas que, por eu ser travesti, não falam mais comigo. É uma solidão baseada numa verdade: a de dar ao outro o direito de não querer mais se relacionar comigo em função de suas limitações. Chame de preconceito, do que quiser, mas aceitação não se impõe. Prefiro a solidão a ter alguém que está ao meu lado apenas para não ser chamado de preconceituoso. Não quero ser o selo, o certificado do politicamente correto de ninguém. Quero sentir liberdade da pessoa conviver comigo. Porém, não conviver não significa ter necessidade de me matar. Simplesmente precisamos nos respeitar.

— Você tem algum sonho?

— Meu sonho hoje é ver as pessoas trans reunidas, que tenham formação, que tenham esse trabalho de dizer o que é uma pessoa trans na terceira idade. Porque alcançar 56 anos para uma travesti talvez só fazendo como fiz, vivendo camuflada e só assumindo depois dos cinquenta, pois morrem ou matam todas antes dos 35.

— E quais são seus planos futuros?

— Por tanto tempo fui bloqueada, impedida de ser quem eu era, que a minha essência ficou escondida, quase perdida. Meu próximo projeto é me tornar minha amiga, aumentar minha autoestima. Quero me conhecer melhor, conviver comigo e amar quem eu sou. Quero estar comigo em cada momento. Será muito bom matar essa saudade.

14. Avô e avó

Eu não tô te fazendo mal,
então, por que sou eu
que tenho que me isolar
no espaço manicomial?
E se teu preconceito fosse anormal?
Quem será que ia sofrer
a opressão trivial?
Charlie Bellow

Uma das coisas boas de estar doente é receber visitas.

Meus transamigos aproveitaram o feriado de Sete de Setembro e, sabendo do meu câncer, resolveram vir juntos me ver. Por terem ciência da minha baixa imunidade, avisaram logo que ninguém estava gripado. Por precaução, não abracei nem beijei nenhum deles, pois há pouco estive internado devido a uma pneumonia. Trouxeram cerveja e eu fui de suco.

Leandro fez há seis anos, ao mesmo tempo, a transição hormonal e a social, aos 37 anos. Joel, com sessenta, fez a hormonal há dois anos, depois que se descobriu trans por uma palestra minha; a social foi há cinco, quando começou a se vestir com roupas ditas de homem, embora desde a juventude já fosse, eventualmente, confundido como do gênero masculino.

Foi então que surgiu a primeira questão.

— Quem é o mais velho?

— Eu tenho um tempo de vivência como homem muito maior do que o do Joel, embora, cronologicamente, eu seja mais novo. Além disso, como negro, sofro mais discriminação ainda.

Joel retrucou:

— Mas tive algumas experiências intensas como homem que vocês não vivenciaram. Primeiro, por cinco anos fui casado no papel com a mulher que vivia comigo. Quando descobri que era trans, comecei a engrossar a voz e a ter barba, o casamento acabou.

— E qual você acha que foi a causa da separação? — quis saber Leandro.

— Acho que ela não aguentou a barra. Era lésbica mesmo, tanto que hoje está com uma mulher.

Leandro aproveitou a deixa sobre orientação sexual, para falar de sua recente descoberta:

— Agora tenho certeza de que sou mesmo bissexual. Sempre tive um pouco de interesse por homem, mas não ousava admitir nem para mim. Sentia-me muito mal sendo vista como mulher preta, boazuda e "estuprável". Depois das cirurgias e de bigode na cara, com a minha nova identidade de gênero definida, pude expor o meu desejo. Sei que agora vou ser desejado como um homem gay ou um trans gay. Além disso, já tive durante anos um grande romance com uma travesti, mas com ela era uma relação heterossexual.

Gostei da sinceridade e da flexibilidade do meu amigo.

— Acho ótimo você considerar o gênero como algo secundário. Creio que a tendência futura será essa para as pessoas. Assim pode-se beber prazer dos dois lados. Infelizmente, eu nunca consegui.

Joel, prontamente, endossou:

— Eu também não. Sempre fui hétero. O único homem com quem transei foi o do estupro que sofri aos dezesseis anos. Creio que isso também contribuiu para que eu tivesse certa aversão a eles. E o resto vocês já sabem: como consequência, engravidei.

— Como é a relação com seu filho? — perguntei.

— Passei anos sem contato com ele. Minha mãe queria que eu o abortasse e eu não quis. Depois que ele nasceu, ela assumiu a guarda e me proibiu de vê-lo. Nem amamentar eu pude. Obrigou-me a sair de casa e, em troca, me dava uma merda de mesada. Até completar a maioridade, morei na casa de uma tia velha. Depois aluguei um quartinho em um subúrbio do Rio, em Nova Iguaçu, e acordava às quatro horas da manhã para trabalhar de engraxate no aeroporto Santos Dumont. Ganhava também mais uns trocados dos motoristas de táxi, ajudando a arranjar passageiros. Foi aí que cortei o cabelo curto e fazia um tipo mais andrógino, para conseguir freguês e ser menos zoado. Poucas vezes consegui ver meu filho. Mesmo assim de longe, ainda pequeno, quando brincava na pracinha perto da casa da minha mãe, nunca pude falar com ele. Só depois que ela morreu, ele já adulto, é que pude me aproximar e contar a ele nossa verdadeira e perturbadora história.

— E como ele reagiu?!

— Tremia quando eu disse que seu pai era um estuprador. Temia que ele se sentisse corresponsável por essa vulnerabilidade, que pudesse achar que personificava a violência cometida contra mim. Foi difícil convencê-lo de que sempre o desejei perto de mim, mesmo estando longe e ele sendo fruto de uma relação violenta, sem consentimento e sem prazer. A essa altura já estávamos os dois com os olhos cheios d'água. Peguei suas mãos, pela primeira vez, e disse o quanto o amava.

Todos ficamos num silêncio emocionado.

Joel deu uma fungada e desabafou:

— O mais difícil do estupro foi a mistura da humilhação que senti sendo agredido e a falta de condições de enfrentar. Acho que tive um estresse pós-traumático, pois esqueci todos os detalhes do que aconteceu. Só me lembro que foi em uma escada de um prédio e que descobri estar grávido só no quinto mês. Hoje sou avô, ou melhor, na certidão do meu neto, sou avó.

— Mas você ainda não trocou seus documentos no cartório? Agora já pode.

Joel coçou a cabeça e ponderou:

— Já troquei, mas surgiram questões ainda impensadas pela Justiça. Por falta de opção e desconhecimento da transexualidade, registrei meu filho como sendo mãe há mais de quarenta anos, com meu nome feminino. E na do meu neto consta também o meu nome antigo. Que direito tenho eu, agora, de exigir essa troca na certidão dele? Olha só a confusão que daria! Um dos possíveis problemas, hoje, seria no caso de uma internação dele num hospital, eu poder provar que sou mãe dele, com esse cavanhaque na cara! De qualquer forma, guardo todos os meus documentos antigos numa caixa.

— E como seu filho e neto o chamam?

— Ele passou a me chamar de mãe. Só que quando estamos na rua, depois das minhas mudanças físicas, ele me chama de Joel. Eu não me importo, o que eu quero, como diz o João, é ser chamado. O neto é ainda pequeno e me trata direto de avô, até porque não tem outro.

Leandro complementou:

— Com a mudança do nome há também outras perdas, como pensão, herança, plano de saúde, proteção da Lei Maria da Penha, delegacia da mulher, a prisão em ala masculina, já que a maioria dos presídios não tem ala LGBT. Soube que em João Pessoa há o presídio do Róger, que é misto e tem separadamente uma ala LGBT. Assisti a um documentário que mostrava que a maioria dos trans-homens preferiu permanecer na ala feminina por causa de suas namoradas e para não ficarem junto com as travestis e mulheres trans. O detalhe é que eles ainda não tinham trocado legalmente o nome.

Disse a eles que no Rio de Janeiro, que eu saiba, não existe nenhum presídio com ala LGBT. Também verifiquei que grande parte das ditas lésbicas masculinas presas desconhece a transexualidade e que muitas, na verdade, seriam transmasculinos, mas sem saber. Dois militantes trans-homens estiveram na Colônia Penal Feminina do Recife/Bom Pastor (CPFR) e doaram para a biblioteca de lá, a meu pedido, o *Viagem solitária*. Só não sei o que aconteceu depois.

Apesar da decisão do STF, o nome social não saiu de uso. Simplesmente não se preocuparam com a questão dos menores, como faria a Lei João W. Nery. Eles ainda teriam o direito de recorrer à Defensoria Pública no caso de serem maltratados ou abusados pelos seus responsáveis. Mas o nome social ainda serve para ser usado nas escolas, academias, no SUS, dando certa proteção contra a transfobia.

— E quanto à velhice, Joel, como ela está sendo para você?

— Cara, vivi a adolescência que queria, tardiamente. Somente há seis anos me hormonizo, o que me provocou espinhas na cara. Aos sessenta anos tenho um tesão louco que com vinte nunca senti. Com a descoberta da minha transexualidade, rejuvenesci. Fiquei mais disposto até para trabalhar, quando já estou prestes a me aposentar. Hoje sou mais alegre, rio mais e apesar da cabeça branca e da consciência de que já sou um senhor, estou mais propenso do que nunca à militância e a ajudar outros como eu, assim como fui ajudado por você. Só estou um pouco surdo e, às vezes, a coluna reclama. No mais estou inteiraço. Agora que me separei da segunda mulher, estou morando num pensionato masculino. Já estive num feminino, quando muito jovem, e é completamente diferente.

— O quê, por exemplo? — perguntei, curioso.

— Mano, é o maior silêncio. Ninguém conversa com ninguém. A cozinha é comum, mas cada um faz seu prato e nem quer saber do outro. A maioria é jovem, só tem um cara mais velho do que eu. Puxei papo com ele para saber por que estava morando ali. Num tom de revolta, me disse que se separou da mulher depois de 42 anos de casamento. E mostrando a sua incompreensão, revelou o motivo:

— Com essa coisa de modernidade, ela agora não quer mais me obedecer!

Caímos na gargalhada e Leandro sugeriu:

— Vou pegar mais uma cervejinha gelada para brindarmos ao feminismo, que está, finalmente, emancipando as mulheres!

15. Sobrevivente da peste gay

Sou gente, mas me tratam como um monstro,
me fazem sentir uma aberração,
estou cansada de tanta negação!
Sou aquela que todos chamam de mundana,
de bicha, de viado, de piranha, de insana, de profana.
Sou homem, sou mulher, sou humano, sou o que eu quiser.
Sou travesti, não sou bagunça.

Alessandra Martins

Sissy é pequenininha, muito magra e passa fácil por uma mulher cis. Comunicativa e cheia de energia, transmite uma simplicidade na fala fina e uma empatia pelo outro como um ser humano especial, algo que me encantou. Sua vida, trágica, é contada por ela com calma e sobriedade. Sua memória não falha, lembra-se de dias e de datas exatas, o que enriquece o trabalho de resgate de sua própria história. Encontrei-a diversas vezes em eventos pelo Brasil. Também a acompanho pelas redes sociais, mas nunca havíamos conversado sobre a velhice trans. Pedi a ela que se apresentasse:

— Me chamo Sônia Sissy Kelly Lopes, nasci em Aimorés, quase na divisa de Minas Gerais com o Espírito Santo. Sou de uma família de quinze irmãos, fui a quinta a nascer. Vivíamos em uma comunidade de pequenos agricultores. A casa em que nasci era de pau a pique, com paredes e pisos feitos de barro e sustentada com madeira e bambu. Tive uma infância muito tranquila, sem grandes acontecimentos, como toda vida no interior. Quando era mais nova, não sabia absolutamente nada sobre transexualidade, gênero, nada disso. A única coisa que sabia é que era diferente dos outros meninos. Na época, sem muita clareza, lembro de ter brincado muito de boneca feita com sabugo de milho. Hoje sinto que a mulher sempre existiu dentro de mim. Iniciei minha vida sexual muito cedo, escondida, aos dez anos, com um primo um pouco mais velho do que eu. Apesar de a minha família ser relativamente tranquila e presente, não me sentia confortável na cidade em que nasci. Sempre fui muito curiosa. Queria descobrir o mundo e a mim mesma, já que sentia um desconforto que não sabia ainda qual era. Saí de casa porque quis, não fui expulsa como a maioria das travestis que conheço. Morei em Aimorés até 1974, quando tinha dezessete anos e nasceu a décima quarta filha dos meus pais. Antes de ir embora de vez, já tinha passado temporadas trabalhando como diarista em alguns lugares, inclusive em Belo Horizonte. Tinha ouvido falar de Nero, uma pessoa transgênera da cidade, que trabalhava em um salão de beleza, e que diziam ser a primeira trans operada no Brasil. Em uma pensão na rua Timbiras, onde fazia faxina junto com um primo, também ouvi falar de uma travesti que era cozinheira. Mas não me aproximei delas com medo de que meus familiares descobrissem algo.

— E como foi o contato com a primeira travesti?

— Fui morar em Vitória, no Espírito Santo, para trabalhar como cozinheira na companhia Vale do Rio Doce. O alojamento da empresa era no bairro São Diogo, bem próximo à zona boêmia. Meu chefe se engraçou comigo já nos primeiros dias, talvez por eu ser muito feminina. Ele, que se tornou meu cliente depois, me levou para dar uma volta na zona, de carro. Em uma das esquinas que passamos, vi uma mulher em pé. "Isso não é mulher, é um homem", disse ele. No fim de semana, peguei um ônibus e fui conhecer a região, com a cara e a coragem. Só voltei na empresa para pedir minhas contas. Fui me prostituir em uma zona muito grande que existia em Carapebus, no norte de Vitória, uma das maiores zonas do Brasil na época, que atendia o porto. Era uma verdadeira cidade, tínhamos de tudo lá, até posto de saúde. Nesse lugar aprendi muitas coisas sobre a vida, recebi o nome de Sônia e pude fazer muitos contatos.

— Você não teve medo?

— Existia violência, claro, mas as travestis eram muito unidas. Uma protegia a outra, muitas delas estavam começando a transição. Lembro da Luana, vinda de Conceição da Barra, no Espírito Santo, ex-seminarista, como tantas amigas, como Dolores Duran, que me ensinou a tomar hormônio, me maquiar. Assim que cheguei, de cabelos curtos, chamei muito a atenção. Usava um lenço na cabeça, era muito bonita, interessante, todo mundo me queria na cama. Fui acolhida pelas travestis, comecei a fazer sucesso com mulheres e homens. Cheguei a transar com duas travestis da zona. Fui para a cama com a Paulette e o Jair, as duas me comeram. Não pelo prazer, mas para me conhecerem naquele início. Sempre fui muito passiva. Só era ativa para ganhar dinheiro na prostituição. Adoro uma bunda bonita, adoro acariciar, mas não gosto de comer.

— E por que você saiu de Vitória?

— A gente passa a conhecer muitas meninas que estão viajando, viram nossas amigas, contam onde é melhor para ganhar dinheiro.

Nessa época, eu já estava uma mulher completamente hormonizada. Fazia striptease em boates na Bahia, Minas Gerais e outros estados. Em quase todos os lugares fiz namorados, me apaixonei, sustentei vários homens. Lembro dos fazendeiros de cacau colocando dinheiro na minha calcinha. Alguns policiais eram violentos, fui presa várias vezes e expulsa de algumas cidades. Ainda não tinha feito todas as cirurgias plásticas nem aplicado silicone, mas já conseguia muito dinheiro. A primeira vez que me impressionei com o que ganhei foi na cidade de Coronel Fabriciano, em Minas Gerais. Algumas cidades tinham um fluxo maior de pessoas, de zonas, boates. Nessas a gente faturava. Brasília é assim, até hoje se ganha muito dinheiro. Em 1979, eu e minha amiga Dolores Duran resolvemos ir para Belo Horizonte. Ganhei muito dinheiro na avenida Olegário Maciel e lá pude conviver com as belas e as feras da prostituição. Ao contrário das outras cidades por que havia passado, Belo Horizonte era muito perigosa para travestis que se prostituíam. Havia muita caftinagem, muita gente queria lucrar com as meninas que iam para a rua. Ganhava-se muito, parecia que caía dinheiro das árvores. Mas comigo não tinha acontecido nada de muito grave até então. Com o dinheiro que juntei fui para São Paulo fazer várias plásticas e, em 1981, para Curitiba, onde apliquei silicone industrial em diversas regiões do meu corpo. Lá eu me apaixonei pelo David, com quem fiquei durante um tempo. Voltamos para São Paulo no carro de uma travesti chamada Jane Macambira, que já havia estado na Europa diversas vezes. Nem voltei para Belo Horizonte. Fui direto para Brasília onde, em 1984, embarquei para a Europa pela primeira vez. A viagem foi exatamente dez anos após o início da minha transição. Nessa época, estava com o cabelo longo, platinado, além de plastificada e toda hormonizada. Também já sabia roubar, assaltar, surrupiar. Uma verdadeira bandida, pronta para a prostituição internacional.

— Puxa, que história! E para onde você foi na Europa?

— Diversas vezes fiz o percurso entre o Brasil e a Europa, algumas delas bem-sucedidas, outras não. Na primeira vez, Jane Macambira me cobrou 2 mil dólares para ir amadrinhada. Significa chegar ao país com lugar para se hospedar e se prostituir. Primeiro foi Madri, onde fiquei seis meses e conheci muitas travestis, tanto brasileiras quanto estrangeiras. Depois, fui com amigas para Barcelona, Andorra e Paris. Só fiquei na capital francesa por dois meses. Não dei sorte trabalhando lá. Usei muita heroína, tive inúmeros problemas com a polícia, com clientes, com as boates. Fui presa e deportada para o Brasil. Assim que voltei, conheci um piloto da Vasp, que resolveu sair comigo. Me tratou muitíssimo bem. No hotel, roubei todo o dinheiro dele — muitos dólares — e uma corrente de ouro imensa. Comprei minha passagem de volta à Europa e voltei para Madri, onde não tinha nenhum problema com as autoridades. Fiquei mais seis meses, depois fui para Itália, Suíça, Alemanha. Em Milão, me apaixonei de novo e me casei. Aliás, Milão e Rimini, na Itália, foram os lugares onde ganhei mais dinheiro.

— Você chegou a ter clientes mulheres?

— Já fiz suruba porque não se pode rejeitar cliente. Alguns me pagavam tão bem, mas tão bem, que era impossível não ter relação com a sua parceira. Em Milão, havia uma mulher chamada Eva que gostava muito de mim. Ela me pagava para dormir, jantar e ver filme com ela, mas sabia que eu não tinha ereção. Não sei o que ela encontrava em mim, mas me pagava mesmo sem ter relação sexual.

— Gostaria de saber um pouco mais da violência que você passou durante todos esses anos, de clientes, amantes e da polícia, inclusive durante a ditadura militar. Na Europa era diferente?

— Tive muitas desilusões. Apanhei de cafetão meu, me tornei resistente ao amor, que se tornou algo muito distante, sobretudo agora, na terceira idade. Na Europa, apesar de ser um local desenvolvido em muitos aspectos, as situações de violência não são tão diferentes, tanto dos clientes quanto da polícia. Fui presa incontáveis vezes. O caso mais marcante que sofri foi em Lisboa. Estava me prostituindo e fui pega numa esquina por uma kombi. Aparentemente o motorista estava sozinho, mas quando entrei percebi que havia muitas pessoas na parte de trás, de seis a oito homens. Botaram alguma coisa no meu nariz, desmaiei e me jogaram para trás do veículo. Fui violentada por todos eles. Pelo que soube depois, o objetivo não era me estuprar. O ocorrido fazia parte de uma rixa entre duas máfias de traficantes. O pai de um deles havia denunciado o bandido rival, que foi preso. Quando saiu da prisão, como parte do esquema de vingança, ele decidiu colocar uma travesti nua, amarrada, em frente à casa do pai que denunciou, com uma placa "aí está sua nora". Achei que ia morrer. Pensei na minha família, na minha vida, tudo. Um deles quis enfiar uma chave de fenda no meu ânus, mas foi impedido por outros. Me levaram para Cascais, na beira da praia, um bairro muito fino de Lisboa, e me deixaram amarrada num poste, gritando: "Olha o presente de vocês aqui". Fiquei pelada e amarrada no maior frio, até que veio uma pessoa e me socorreu. Nem lembro quem era. Peguei um táxi e fui para casa, onde fui amparada por uma amiga. Isso ficou marcado na minha memória para o resto da minha vida. Fiquei deprimida vários dias, passei a me picar ainda mais. Essa cena, sem dúvida, iniciou todo o meu processo de decadência.

— Mas você falou que já se drogava antes disso.

— Sim, mas na Europa, as décadas de 1980 e 1990 foram marcadas pela heroína. Usei muito, muito. Nunca vendi. Cheguei a ser mulher de traficante, ia com eles nos hotéis para distribuir as drogas para as outras travestis. Mas jamais comprei e vendi na rua, sempre fui uma consumidora. Na Itália, em 1986, estava em uma cidadezinha chamada Montecatini Terme. Era usuária de drogas injetáveis e tive uma overdose de heroína. Fui internada e, com os exames, me descobri uma pessoa soropositiva. No início, a descoberta do vírus veio junto com uma enorme revolta. Continuei vivendo na Europa quando, em Lisboa, no ano de 1989, vivendo em situação de rua, fui diagnosticada com hepatite C. Tive que voltar ao Brasil, mais precisamente no dia 1º de maio de 1991. Já estava em uma situação muito complicada. Tinha perdido quase tudo, vendido muitas coisas, algumas dívidas, o confisco da poupança no governo Collor. Vendi o apartamento que tinha, comprei outro em Betim, vendi de novo, sempre com muitos problemas.

— E você voltou ao Brasil para morar de vez?

— Cheguei ao Brasil muito debilitada. Percebi que deveria mudar de vida, pensar mais na minha sobrevivência e na minha saúde. Não deixei de ser mulher, mas abandonei o nome Sônia e passei a assumir socialmente o nome carinhoso que minha mãe sempre me chamava quando eu era criança: Sissy. Nesse período me lembrei de minha família, nos primeiros anos de transição. Tinha ido visitar meus pais em Aimorés quando trabalhava em Vitória. Meu pai, quando foi atender a porta, não reconheceu aquela mulher com cabelos loiros e longos. Eu disse: "Sou eu, seu filho". E ele respondeu: "Mas eu não tenho filho assim". Foi aí que minha mãe chegou e disse a ele: "Abra logo essa porta, é Sissy".

— O que você fez com todo o dinheiro que ganhou?

— Do mesmo jeito que muitas travestis ganham dinheiro na Europa e em outros lugares, gasta-se muito. Quando somos novas, não pensamos no futuro, em vinte, trinta anos pra frente. Tudo é muito para o agora. Cheguei a comprar um apartamento em Belo Horizonte em uma das vezes que voltei da Europa, mas depois de alguns meses tive que hipotecá-lo. Ganhei muito dinheiro, mas nunca soube administrar. Usava drogas, gastava em viagens, joias, perfumes, roupas, calçados, bolsas e vários presentes. Quando voltava ao Brasil trazia coisas caras para presentear os amigos e familiares.

— Soube que você decidiu ir morar num abrigo. Por quê?

— A partir do momento em que me dei conta de que estava envelhecendo, com tantas perdas, tantos problemas, achei que seria melhor estar em alguma instituição de acolhimento. Passei por vários abrigos no interior de Minas Gerais e Brasília. Depois de idas e vindas voltei para Belo Horizonte, onde estou até hoje. Quando completei sessenta anos, queriam me levar para um asilo. Apesar de idosa, sempre fui muito proativa, gosto da minha liberdade. Achei que seria ruim ficar internada em um asilo e que talvez me trouxesse problemas ser travesti. Foi quando resolvi ir para as ocupações populares, onde vivo hoje. Sobrevivo com um salário mínimo, dado à época em que me descobri soropositiva. Naquele tempo se aposentavam todos os infectados, já que não viviam muito tempo. Estou aqui como prova viva de que é possível conviver com o vírus com saúde. Sou portadora do HIV há 32 anos, tenho mais tempo de vida convivendo com o vírus do que sem ele.

— Você ainda se prostitui?

— João, eu faço meus clientes. Não saio mais para procurar homem, mas vejo sexo como chocolate, churrasco, como uma coisa deliciosa. A minha libido não desapareceu com a idade. Hoje todo homem que passa na minha frente eu analiso. Quando eu era jovem, eles corriam atrás de mim. Agora, eles não querem me pagar e eu me sinto desvalorizada por causa disso. Não tenho mais aquele tesão de transar toda noite. Nem é toda semana. Mas sinto desejo.

— E o espelho agora, como é para você?

Sissy levantou as sobrancelhas e, rindo, exclamou:

— Dependendo do dia, o espelho é cruel com qualquer pessoa. O importante é desenvolver a autoestima e não ficar só focada no que os homens acham de você, senão a velhice fica muito pesada, enlouquece. Acho incrível ainda conseguir arranjar homens, mas hoje eu comando, escolho, e procuro que o homem não perceba todos os meus defeitos físicos. Uso o sexo apenas para me satisfazer. Os homens não me usam, eu é que os uso.

— Como é sua rotina hoje?

— Sou militante, trabalho com moradoras de rua trans. Não existe acolhimento para pessoas trans que envelhecem com doenças crônicas, em situação de rua, aqui em BH. Acredito que saúde e moradia são as pautas principais de luta para as pessoas como nós, sobretudo quando conseguem chegar na velhice. Estamos ainda muito longe de conseguir encontrar um abrigo que realmente nos acolha. Eu, graças ao MLB (Movimento de Luta, nos Bairros, Vilas e Favelas), consegui morar na Ocupação Carolina Maria de Jesus, um prédio abandonado há muito e sem função social, que abrigou duzentas famílias. Hoje, vivo em um hotel que ficou abandonado por dezesseis anos, no centro. Eu não sei onde estaria e como viveria se não conseguisse essa vaga. Gosto da minha família, mas nós falamos línguas completamente diferentes. Tentei morar um tempo com meu irmão e não deu certo.

— Mas e se você adoecer? Voltaria a procurar sua família?

— Talvez sim, porque meus pais aprenderam a me respeitar e ensinaram a meus irmãos. Mas acho que ninguém teria disposição nem tempo para isso. E nem todos da família me veem como mulher. Eu me preocupo muito com a dependência e também com as internações de longa permanência nos hospitais. Eu mesma, por ser portadora do HIV, já tive várias internações. Minha família foi me visitar, mas acho que, naquela época, ela estava mais próxima de mim do que hoje. Os enfermeiros também não estão preparados para lidar com o corpo das pessoas transidosas. Nós precisamos descontruir esses protocolos, porque uma travesti não tem condições de ser internada, nem na ala feminina nem na masculina. Tem que ter alas mistas LGBT e promover a capacitação desses profissionais de saúde.

— Você se destransicionaria ou passaria a se vestir como homem, caso fosse necessário, para ser cuidada pela família ou por alguma instituição?

— Olha, já até fiz isso em casas de apoio para o acolhimento de pessoas soropositivas, mas eu vou descontruindo, violando essas normas e voltando a ser eu mesma. Até me visto na hora do contrato, mas não sou homem. Me descontruir é uma morte social antes da morte física, e eu prefiro a morte física à social. Conheço algumas transidosas que se descaracterizaram, mas cada uma mantém a feminilidade do seu jeito. Uma tem quase setenta anos, perdeu o cabelo, muito silicone no rosto, mas não desconstruiu. Tem uma outra, que está com setenta e tantos e usa boné, mas faz questão de dizer que é travesti, embora não se monte mais. Cada uma tem o seu modo de enfrentar a velhice, dependendo da sua condição financeira e da saúde. A maioria nem conhece o seu direito à aposentadoria. Eu me aposentei com um salário mínimo. É muito pouco, mas ele me dá segurança e toda a dignidade que tenho hoje. O maior presente na minha vida foi ter pago o INSS durante a ditadura militar, para não assinar a vadiagem. Em 1991, quando me descobri portadora do HIV, entrei com o pedido de aposentadoria por invalidez. Naquela época, o vírus era visto como sentença de morte. Hoje não aposenta mais. Tem que ter um quadro de doenças oportunistas. Uma amiga trans aposentou pela idade e a outra foi por invalidez, mas não tem o HIV.

— Você não tem medo de ser enterrada como homem?

— Poucas vezes tive que recorrer à minha família para pagar minhas contas ou fazer alguma coisa para mim. Se vivi a minha vida inteira como mulher, como é que a minha família vai me vestir um terno e me chamar de senhor? Eu estou pensando até em deixar registrado em cartório como quero o meu velório. Hoje só procuro quem sei que me ama, estou mais espiritualizada e acho que, na hora certa, irão aparecer as pessoas certas para cuidar do meu enterro. Família é quem te acolhe e nem sempre é parente.

— Você sente falta de não ter tido filhos, que poderiam ajudar você na velhice?

— Não tenho instinto maternal. Minha história é completamente diferente. Não vim ao mundo para ter filhos, assim como muitas mulheres deveriam também ter essa opção e elas não sabem disso. Elas são obrigadas a serem mães. Eu não teria condição financeira nem emocional para ter um filho.

— Você me disse que aplicou silicone em várias partes do corpo. Naquela época não tinha mesmo outra alternativa. E hoje, faria a mesma coisa, mesmo com todas as dores que você sente?

— Acredito que com mais cautela, usando menos silicone, procurando uma "bombadeira" e um silicone melhor. Hoje a gente vê muita gente que não usa o silicone, mas eu tive essa cultura. Depois de anos usando hormônios, eles não foram suficientes para me tornar uma pessoa "tipo exportação" para a Europa. Então, o silicone me trouxe muito problema, mas me deu muito prazer. Apesar de ter vivido à margem da sociedade, ter sido usuária de álcool e outras drogas, e profissional do sexo, sempre procurei trazer à tona para a população trans o valor e a alegria da vida. Sinto orgulho de não ter desconstruído em nenhum momento a minha identidade de gênero e a minha sexualidade. Apesar de todos os meus erros, minha resistência se tornou uma referência para o mundo trans. Sou um produto que deu certo, um espírito que veio aqui para cumprir uma missão. Nós, transidosas, somos as desbravadoras, para que agora a juventude possa aparecer e militar por seus direitos.

— Você pensa no futuro?

— O futuro de uma travesti é hoje. Amanhã não se sabe e nem se quer pensar.

16. O estilhaço de aborto

Meu gênero tem a ver com quem eu sou;
a minha sexualidade, com quem eu a exerço.
Aidan Key

Conheci Sette depois de uma palestra que dei em sua cidade, no interior do Paraná. Uma figura ambígua, cabelos bem curtos e grisalhos, sem pelos no rosto, voz fina, estatura baixa e com algum sobrepeso. Trazia nas mãos meu livro para que eu autografasse, e se colocou como o último da fila. Após uma foto sorridente comigo, inesperadamente me abraçou, longamente, e com os olhos vermelhos me disse:

— Tu salvaste a minha vida, me fizeste descobrir quem eu era. Hoje realizei um dos meus sonhos, que era te conhecer.

Estava acompanhado da mulher e me convidou para irmos a uma lanchonete tranquila, para me contar sua história e por que não tinha feito ainda a transição.

— Nasci de sete meses, numa cidade do interior de São Paulo. Hoje tenho 61 anos. Até a adolescência, parecia haver, entre mim e meu pai, uma cumplicidade reservada aos membros do sexo masculino. Era quando me sentia no paraíso. Porém, na maior parte do tempo, o sentimento predominante era o de inadequação. Jamais me senti pertencente a um grupo ou a algum lugar. No colégio de freiras onde estudava, queria brincar de correr, lutar, escalar e fazer atividades tidas como masculinas. Mas fui obrigado a fazer uma disciplina chamada Vestuário, só para as meninas, de crochê, pintura e bordado. Minha avó, sem saber, me salvou. Fez para mim todos os trabalhos manuais do ano letivo.

— Aos seis anos, minha professora me indicou para um concurso promocional intitulado "Miss Refrigerante", patrocinado por uma marca local. Eu sabia que a ganhadora seria a que vendesse mais cotas, como acontece com as rifas. Aceitei participar por causa da professora, que, descobri mais tarde, foi minha primeira paixão. Fiquei em segundo lugar como Miss Brotinho. Odiei o título, detestei o diminutivo. Fui vestido, maquiado e penteado para o dia do concurso. Conforme me olhava no espelho, me desvinculava de mim. Uma estranheza ímpar, enquanto todos diziam que eu estava linda! Hoje, quando vejo as fotos, não me reconheço.

— Você era uma criança rebelde ou costumava aceitar as imposições?

— Nós, crianças, não tínhamos voz ativa. Mas aos dez anos ousei e me recusei a usar saias, ainda que minha avó, às vezes, me obrigasse. Eu armava o maior banzé e não botava. Por que só os meninos podiam usar calças? Passei a ser a única menina a vesti-las no colégio. Foi um escândalo, mas eu aguentei.

— Minha segunda paixão foi por uma coleguinha de sala. Sofria por ela, queria sua atenção, tinha vontade de protegê-la e admirá-la. Creio que esses desejos vinham dos contos de fadas sexistas, nos quais sempre havia uma mocinha indefesa esperando ser salva por um príncipe encantado. Via-me sempre no papel do herói, do Aladim, do Gato de Botas e, sobretudo, do Patinho Feio. Ele era rejeitado como eu e, no meu íntimo, sabia que havia um cisne que ninguém via. Eu me emocionava quando mamãe me contava essa história, embora ainda não me entendesse como um menino proibido e inadequado. Tudo de atraente se encontrava no universo masculino. Sentia na pele o quanto as mulheres eram consideradas cidadãs de segunda categoria. Minha revolta com o machismo aumentava com as várias proibições só por ser mulher: não poder sentar de perna aberta, fazer judô, jogar futebol.

— Eu hoje me pergunto se a nossa sociedade não tivesse essa divisão tão marcada entre homem e mulher, desde a cor do enxoval quando a mãe está grávida, se infiltrando por condutas estereotipadas do que é feminino ou masculino, se não mudaria o sentido da própria transexualidade. Essa é toda uma discussão para o movimento LGBT. Mas desculpe, você estava falando sobre o machismo quando você era criança.

— Pois é, já detestava a submissão das mulheres ao machismo, que elas próprias reproduziam, mesmo sendo vítimas. Sofria ao saber que, se fosse um menino, seria o parceiro de meu pai e de meu avô paterno. Eles me ensinariam a mexer com ferramentas, pilotar motos, entender de mecânica, eu seria ouvido. Mas eu era tachado pela minha família como rebelde, ingrato, estabanado, então me retraía cada vez mais. Cresci tentando proteger minha mãe de toda a confusão familiar, do alcoolismo e da violência covarde do meu pai. Comecei sendo discriminado na escola pelas cicatrizes de queimaduras graves no rosto, resultantes da explosão de uma panela de pressão. Depois a implicância se voltou contra o meu jeito. Sentia uma carência afetiva infinita e achava que não era filho dos meus pais. Restava-me chorar pelos cantos, mas também era reprimido. Como compensação, desenvolvi uma compulsão alimentar. Tornei-me uma criança obesa, o que gerou mais bullying. Consegui reagir duas vezes. Aos seis anos, arrastei pelos cabelos, pátio afora, a guria que me ridicularizava. Quase fui expulso. Nesse dia, um tio-avô foi me buscar na hora da saída. Encontrou uma algazarra em que gritavam "mulher-macho" e eu ameaçando esmurrar os colegas. Ele me pôs sentado em cima de uma lata de lixo, de frente para meus algozes. Minhas pernas balançavam no ar e eu espumava de raiva, impotente para reagir. Aos treze anos consegui, novamente, reagir ao apelido que me deram: estilhaço de aborto. Mesmo sem saber direito o que essa expressão significava, farejei ser coisa ruim, como um estraçalhamento de algo não desejado. Foi então que, ensandecido de raiva, desferi um soco no nariz do primeiro que me xingou. Ele caiu de costas, sangrando, e o resultado foi a minha expulsão. Enquanto voltava para casa a pé, pensando em como daria a terrível notícia, encontrei meu pai bêbado, sentado no meio-fio.

— Como era para você ter essa figura de pai?

— Embora quisesse ser homem, não aceitava aquele modelo paterno, machista e misógino. Não era a primeira vez que eu via aquela cena. Corri em sua direção e chamei: "Pai, pai, vamos para casa! Eu te ajudo a levantar". Ele resmungou alguma coisa, depois perguntou com a fala enrolada: "Foi a puta da tua mãe que te mandou aqui?", e botou a mão na cabeça. Só então vi o fio de sangue que escorria por trás da orelha, já meio ressecado. Passei o braço dele pelo meu ombro e achei melhor levá-lo, primeiro, para casa. Conforme fosse a gravidade, depois o levaríamos ao hospital. Mamãe deu um banho frio nele e verificou que era apenas um pequeno corte. Esse triste episódio amenizou a notícia da minha expulsão. Por sorte, meus pais se mudaram para uma cidade maior, vizinha à nossa, juntamente com minha irmã, quatro anos mais jovem. Fiquei morando com meus avós, alegando que estava gostando do novo colégio e que tinha uma psicóloga que me atendia lá. Jamais revelei a ela o que se passava no meu íntimo. Nessa época, conheci um rapaz, dois anos mais velho e com quem me identifiquei. Ele, virgem como eu, também sem nunca ter namorado. A diferença é que ele se sabia gay e eu ainda não tinha me encontrado. Já havia me apaixonado por um primo, de quem roubei uns beijinhos. Foi com ele que descobri a diferença entre o corpo de um homem e o de uma mulher. Invejei ardentemente o "pipi" dele. Segui desejando ser homem, sem verbalizar. Minha imagem social era de "paraíba", por me vestir como um garoto.

— E como foi o começo da tua vida sexual?

— Comecei a transar com homens, mas não suportava a ideia de ser submisso ou ter envolvimento emocional com eles. Eu era o ativo na cama. O forte era o companheirismo masculino, que preenchia o que não consegui ter com meu pai. Mas com o tempo, o desejo deles por mim se esvaía. Desconheciam outras formas de sedução, diferentes daquelas em que foram treinados. Só aos vinte anos tive minha primeira experiência sexual com uma mulher. Passamos a frequentar o único gueto gay da cidade. Lá era onde nos sentíamos livres para dar vazão à nossa afetividade. Minha namorada fazia a linha "lady" ou "sandalinha", e eu não me encaixava em rótulo algum. Só sabia que era bissexual e não me sentia mulher. Relacionava-me com qualquer gênero, dependendo de onde minha atração me levasse. Já fui confundido com um rapaz, com travesti e chamado de "veadinho gostoso". Adorei porque, pelo menos, veado é um homem. Alguns se desconcertavam quando ouviam minha voz feminina. Eu reagia com naturalidade e com certa satisfação pela confusão.

— Você chegou a conhecer alguma pessoa trans naquela época?

— Nunca tinha ouvido falar em homens trans, somente em travestis, transformistas e drag queens. Convivíamos com "eles" na boate de "entendidos", até que descobri que minha mulher havia me traído.

— Num carnaval gay, dancei abraçado com duas travestis. Elas pareceram se surpreender com minha naturalidade em tratá-las como mulheres. Nessa mesma época, meus pais se separaram. Minha mãe, eu e minha irmã, batalhamos para conquistar nossa independência financeira. Quando eu completei 21 anos, papai faleceu. Enterrei-o junto com o meu sonho frustrado de um pai companheiro. Na chegada ao velório, ouvi quando minha mãe comentou com uma amiga bissexual: "Aí vem minha filha, que ainda não sabe se quer ser menino ou menina". Foi um consolo ouvir aquilo diante de toda a situação. Com os anos, minha mãe se tornou cada vez mais forte e resiliente. Minha irmã se casou e foi morar em nossa cidade natal, próxima a meus avós, de quem cuidava.

— Quando fiz trinta anos minha mãe faleceu, vítima de um erro médico que lhe custou quatro meses de sofrimento. O médico que a operou sumiu. Não o processamos porque minha mãe trabalhava como técnica de enfermagem e sabíamos do corporativismo entre os profissionais de saúde e como eles se protegem. Nessa época eu estava quase terminando o curso de Psicologia, só faltava um semestre. Não aguentei a perda e caí em depressão, trancando a matrícula. Minha vida desmoronou. As "monstruações", como você diz, descacetaram de vez, virando hemorragias. Engordei vinte quilos. Meu avô, um ano após a morte de minha mãe, ficou oito meses na cama, vítima de uma isquemia. Minha avó materna faleceu de pneumonia, e a paterna foi ficando em estado demencial ao longo de cinco anos. Minha relação com meus avós sempre foi respeitosa, apesar de meus traumas de infância. Esse meu primeiro contato com a velhice me ensinou que eu não queria ser careta como eles.

— Você se assumiu como trans para algum parente?

— Nunca pude assumir minha real identidade para eles, embora já me encontrasse casado com outra companheira, com quem estou há vinte anos. Minha salvação foi ter procurado meu ginecologista e amigo. Ele compreendeu o sofrimento que eu passava, concordando em realizar uma histerectomia, mesmo sendo ilegal e sem saber que eu era trans. Foi uma libertação física e emocional! Mas só aos 53 anos, ao ler o seu livro, *Viagem solitária*, é que me identifiquei plenamente com a realidade trans. Dei o livro para minha irmã e meu cunhado lerem. Eles já aceitavam a minha bissexualidade. Ela confessou que desconfiava disso desde a adolescência. Por isso ela me provocava me chamando de machão, deixando perceber que tinha um irmão em casa, "travestido" de irmã. Nunca gostei do termo "travesti", porque me remete à ideia de um arremedo, quando, na verdade, o verdadeiro disfarce é o que carregamos quando não nos assumimos. Pensei em me submeter à terapia com testosterona, para passar a ter as características secundárias masculinas que sempre desejei. Depois mudaria meus documentos...

Foi então que a esposa do Sette se manifestou:

— Dei todo o meu apoio a ele, pois já o via como um homem. No início, fiquei confusa se eu era homossexual ou hétero. Depois achei tudo uma besteira e o amor falou mais alto — disse e, tomando o braço do marido, deitou a cabeça no ombro dele.

Sette, enternecido, alisou o cabelo da mulher e continuou:

— Acho que o destino não quis mesmo que eu fizesse minha transição hormonal. Quando estava decidido a tomar a testo, fui internado por dois meses devido a uma misteriosa e dolorosa infecção. Suspeitava-se de um tumor que aderira ao intestino, em consequência de um apêndice supurado, e que pressionava a coluna vertebral, o que se confirmou. Fiquei dezoito dias no CTI. Apresentei um quadro de total desnutrição. Parte do meu cabelo caiu. Sobreveio uma insuficiência renal que foi revertida. Hoje, um ano depois, ainda tenho um pouco de anemia, dor e continuo em tratamento. Tenho limitações físicas, mas estou vivo. A pressão subiu e o endocrinologista que você, João, me indicou, não me aconselhou a tomar hormônios, e que ficasse de olho na possível osteoporose. Aos 61 anos não gostaria de correr mais riscos de complicações com a saúde, para provar que sou um trans-homem e sofrer preconceitos, inclusive dos profissionais de saúde.

— Como você se vê hoje?

— Não me encaixo em nenhum grupo, porém tenho minha identidade já consolidada. Não sei se teria estrutura emocional e física para começar tudo novamente, à beira da terceira idade. Vez por outra, alguém ainda me confunde com um homem cis, e posso ouvir um delicioso "senhor", mesmo que não responda, para que minha voz não constranja ninguém. Admiro quem teve a coragem de transmutar, sair do casulo e se adequar à sua realidade interior. Seria libertador ser o homem que sempre senti que sou, mas me acovardei diante dessa sociedade cobradora de corpos jovens e sarados. Nunca me assumi trans-homem a não ser para minha mulher e, claro, para ti, João. Desde que me tornei teu amigo no Facebook, tive acolhimento e passei a não ter nenhuma dúvida quanto à minha figura. Tenho por ti uma gratidão eterna, de ter me assumido, me nomeado, me entendido, me libertado e de ter aprendido a lição mais importante: continuarei lutando pelo direito de ser eu, sem rótulos, e inclusive de não me hormonizar. Se me apresentasse como homem, seria trans. E para que ter a aparência de um homem? Já me sinto um e não preciso da aprovação de ninguém para ser quem sou. Não me limito mais. Sou um transgressor, sou livre, sou um trans-pleno.

17. Não saí da prostituição, ela é que saiu de mim

Eu ainda tenho medo de sofrer injustamente.
Não retirem meus direitos
de viver dignamente.
Paula Benett

Vanusa Morimoto é uma travesti idosa com uma vivência das mais instigantes para este livro, já que é a prova viva de uma realidade relativamente comum e pouco falada: a destransição — pelo menos física — na terceira idade. Isso significa retomar as características físicas do gênero atribuído no nascimento, depois de ter se assumido como trans durante anos e anos. Para sobreviver às dificuldades com a chegada da velhice transviada, Vanusa resolveu retirar a prótese de silicone dos seios, da face, cortar os cabelos e se vestir com roupas ditas masculinas. "Ficou mais fácil conseguir empregos informais e lidar com meus vizinhos, que são muito machões", disse ela, que emendou em seguida: "Não importa a forma como me apresento fisicamente: Fui, sou e sempre serei travesti".

Vanusa me concedeu a entrevista na casa de Anyky Lima, travesti idosa que também deu depoimento para este livro. Ao contrário da amiga, uma das militantes trans mais conhecidas do país, Vanusa preferiu a vida mais tranquila e discreta, destransicionada, como ela mesma contou.

— Sou da cidade de Itanhomi, em Minas Gerais, mas vim morar em Belo Horizonte ainda muito jovem, com quatro anos de idade. Minha infância foi horrível, uma família muito pobre, nem comida em casa tinha direito. Perdi minha mãe aos nove anos e fui criada pelas minhas irmãs mais velhas. Mas cada uma tinha sua vida e suas próprias questões. Brincava de casinha com elas, fazia comidinha, aquela coisa bem bichinha. Sempre soube, desde novinha, que eu era diferente. Com dez anos já transava com os meninos do bairro. Em uma dessas, meu irmão ficou sabendo e contou para o meu pai. Ele fechou a cara. Começou a proibir minhas saídas, e eu já estava doida para me jogar no mundo. Aos doze anos fui trabalhar com meu cunhado, que era ourives, em um esquema de buscar e trazer peças de ouro. Ele trabalhava perto de um ponto de prostituição de travestis. Eu passava perto e elas ficavam: "Ô viadinho, vem cá, sua bichinha". Nessa época, não era comum que travestis saíssem na rua pela manhã, então sempre pediam às mais novinhas, garotinhas como eu, que fossem comprar coisas na padaria, cigarro, comida. Não existia na cidade outro lugar para travestis senão a zona. Era lá que elas podiam usar roupas femininas, ficar à vontade, fazer a linha puta. A primeira trans de quem me aproximei foi a Zoraide, que está viva até hoje. Ela tinha dezesseis anos e era lindíssima. Nesse vai e vem diário, fui ficando, até sair de casa e passar a viver com elas. A primeira vez que me prostituí foi aos doze anos. Um ano depois, já havia me assumido travesti, me hormonizava e quis ir para o Rio de Janeiro. Quando tentei sair, meu pai veio me buscar na estação de trem. Perguntou se eu estava me vestindo de mulher. Disse a ele que sim, que tinha chegado a hora de viver a minha vida. E ele respondeu: "Ah, então vai".

— Seu pai tinha acompanhado a sua transição?

— No meu caso, os hormônios não causaram mudança nenhuma nos seios, apenas nas nádegas e pernas. Tive que colocar prótese de silicone anos mais tarde. Aprendi tudo com as travestis da minha cidade. Se uma tinha um peitinho, a outra queria ter também. Então se uma ia testando alguma coisa e dava resultado, indicava para a outra. Nas mudanças que fiz no meu processo de transição, já mais tarde, apliquei silicone líquido no rosto, nos lábios, fiz pálpebras superiores e inferiores. Quando me mudei para a zona já estava doida para colocar para fora aquilo que sentia. Salto alto, cílios postiços, cabelão, tudo. Quando via a Wanderléa cantando "Pare o casamento", jogando aquele cabelão loiro, eu ia à loucura.

— E como foi a ida para o Rio de Janeiro?

— Logo depois do episódio do meu pai, fui morar no Rio. Menino, parecia a Europa. Todas as travestis queriam ir para lá, era uma febre. Tenho lembranças maravilhosas dessa época. No Rio fiquei até meus dezessete anos, depois comecei a ir também para São Paulo e para outras cidades do Brasil. A gente sofria muito, mas era feliz. Não havia depressão, tristeza, os babados e atracações se resolviam na hora, não tinha essa de uma ficar fazendo máfia com a outra. Fui muito agredida, tenho várias cicatrizes até hoje. Os problemas não eram com os clientes, mas com as outras travestis que queriam tirar a gente do ponto. Elas comandavam as ruas, cobravam ponto de quem se prostituía e sempre tinha babado com quem não pagava. Mas as coisas aconteciam tão rápido, o ritmo era tão intenso, que a gente nem pensava nas coisas direito. Imagine só: eu começava a trabalhar na zona às cinco da manhã, para atender os trabalhadores que queriam uma trepada antes de ir para o batente. Ia nesse ritmo até a noite.

— E como era o trabalho dentro da zona?

— Tinha uma situação chamada "suador". A caftina ficava escondida dentro do armário do quarto, que tinha um fundo falso, como se fosse outra porta escondida. Enquanto o cliente estava lá, suando em cima da gente, ela chegava por trás e tirava a carteira, sacava parte do dinheiro e deixava a carteira caída no chão. Não tirava tudo para o cliente não fazer escândalo, mas sempre rolava uma grana extra. Depois que ela roubava, voltava pela porta secreta, saía do quarto e gritava um código no corredor: "Três litros". Significava que tinha conseguido trezentos cruzeiros do cliente, e aí a gente sabia quanto ia ganhar a mais. Era tudo muito bem armado. Antes de ir para o quarto, levávamos o cliente no bar da zona para tomar algo, justamente para dizer depois que, provavelmente, ele havia perdido o dinheiro no bar ou em outro lugar. "Ah, você me roubou!", diziam eles. "Mas como, se você estava o tempo todo em cima de mim?" Eu era a mais danada, espertíssima. Quando eles chamavam a polícia, a caftina jogava, escondido, o dinheiro perto deles, ou então, o próprio policial tinha acordo com a caftina e nada acontecia.

— A polícia era violenta?

— Fui presa várias vezes nas delegacias, era muito comum na época, pelo crime de vadiagem, mas tive a experiência de presídio, o que é muito pior. Na delegacia, a gente fazia programa com os policiais, fumava maconha, era relativamente tranquilo. Mas fui presa por lesão corporal, nunca fui por roubo. Eu roubava sempre, mas nunca me prendiam. Dessa vez, uma bicha me deu uma facada e eu revidei. Três meses presa, aos vinte anos. Fui para o presídio Dutra Ladeira, em Ribeirão das Neves, próximo a Belo

Horizonte. Quando o diretor do presídio me viu, toda feita, ficou louco. Não sabia o que fazer comigo, em que ala me botaria. Até me fazer desfilar de salto na frente dele, ele fez. Armei um escândalo porque queriam cortar meu cabelo. Tiveram que me algemar e me deixaram para que os outros presos me raspassem. Ele avisou: "Se você for pega fazendo prostituição aqui dentro, vai para a solitária e de lá não sai até o julgamento". Quando nós éramos presas na delegacia, nos soltavam dias depois. Dessa vez, não. Quando minha família ficou sabendo, eu já estava casada dentro do presídio, com um mafioso perigosérrimo. A nossa relação com a polícia era de total submissão. Existiam policiais que faziam vista grossa nos pontos de prostituição, na rua, para cobrar propina das meninas. Quando uma delas se revoltava por qualquer abuso, delegacia nelas...

— A polícia te obrigou a sair de alguma cidade?

— De várias, quase todas. Daqui de Belo Horizonte, certa vez, fomos expulsas e tive que ir para a famosa zona de Vitória. Viajei o dia inteiro, sem nenhum tostão. A primeira pessoa que encontrei lá foi a Sissy Kelly. Já a Anyky Lima, que também trabalhava lá na época, conheci quando ela tinha catorze anos. Em Vitória ganhamos muito dinheiro, mas muitas boates não aceitavam travestis. Às vezes, não se achava nem lugar para dormir na própria zona, porque não nos aceitavam. Eu não estava acostumada a trabalhar assim, meu negócio sempre foi a pista. Mas de toda forma, por lá fiquei quatro anos. Tive sorte com as amigas que fiz, principalmente quando estava muito drogada. Usava um comprimido chamado Inibex para trabalhar. A gente tomava com Coca-Cola quente. Esse remédio dava uma força absurda, a gente ficava desinibida, conseguia roubar, trabalhar, tudo. Ficava três dias acordada. Ganhei muito dinheiro e gastei muito.

— Com o que você gastava?

— Tinha as melhores perucas, maquiagens, meias arrastão, perfumes. Na zona havia várias pessoas que atravessavam mercadorias: móveis, eletrodomésticos, um monte de coisa cara. Eu podia comprar o que quisesse. Também vieram as plásticas e os silicones. Já tinha o corpo bem feminino, a bunda e as pernas eram perfeitas. Mas meu rosto era muito magro. Quando vi as primeiras travestis com aquelas maçãs do rosto lindíssimas, queria igual. A gente pegou silicone puríssimo de Paris, de umas travestis que traziam escondido na mala. Apliquei no rosto, no quadril, em diversos lugares. O peito foi prótese mesmo, não foi industrial, quem pagou foi um namorado mafioso, que morava comigo. Era louca por plásticas.

— E qual foi sua trajetória depois dessas viagens para Rio, São Paulo, Belo Horizonte?

— Quando estava perto de completar trinta anos, resolvi voltar para Belo Horizonte. Aqui estou até hoje. Bateu saudade das minhas irmãs, das minhas amigas. Meu pai havia morrido. Ainda me prostituí por bastante tempo, mantive uma casa de prostituição em uma região da cidade chamada Lagoinha, mas percebia que o dinheiro estava acabando e não conseguia ganhar tanto como antes.

— E a relação com os clientes, mudou com o tempo?

— A gente não gozava com os clientes, mas tinha alguns que faziam a cabeça de todas. Tem coisa melhor do que sentir prazer e ganhar dinheiro? Era o que todas queriam, até as casadas. Eles passavam de carro e escolhiam uma a cada semana. Eram jogadores de futebol famosos, que se eu contar todo mundo vai arregalar os olhos. Só me apaixonei duas vezes, mas fui casada com um bocado de marginal. A primeira paixão foi aos dezessete anos, e fiquei com ele até meus 26. Mas me traía muito, sofria demais, resolvi ficar só para meus clientes mesmo. A segunda foi agora, depois de velha. Comecei a estudar dentro de um colégio de freiras, aos 55 anos, fazendo Educação de Jovens e Adultos. Me apaixonei por um garoto de dezoito anos e estou com ele até hoje.

— Ele te trata como Vanusa?

— Não, ele me chama de Zé. Isso me mata. "Cara, acorda, você não está vendo que eu sou mulher?" "Mas eu te conheci como Zé na escola, por que vou te chamar de Vanusa?" Ai, isso é uó!

— E sua família te trata no feminino?

— Nem todo mundo, mas não estou nem aí, já me acostumei. Tem gente que me chama de Zé, tem gente que me chama de Vanusa, o importante é eu saber quem sou. Não nasci homem, sou travesti, sei bem o que sou. Adoro me vestir de mulher, mas com a idade fui percebendo que não ficava muito legal. O vestido já não ficava bem, estava fora de forma, feia. Além disso, sempre tive barba cerrada e nunca fiz eletrólise. Me montava muito para sair de casa. Aprendi a passar pomada Minâncora por baixo da maquiagem, para disfarçar a barba, colocava cílios postiços, eram horas de montação.

— Você sabe que eu conheci gays pintosas, bem femininas, que acabaram fazendo a transição porque acharam que era mais fácil? — lembrei.

— Ah, mas eu também conheci. Porque, por incrível que pareça, elas acham mais fácil ser travesti do que ser uma gay pintosa. Verdade que ganha mais, pelo menos na prostituição. Homens que não olhariam para elas, agora de cabelão e seios, passam a olhar.

— É diferente mesmo. Você se desmontou e sente como uma morte social. A gay pintosa que se monta e depois se desmonta acaba sentindo um alívio, porque ela não é trans, é o que eu chamaria de uma "identidade situacional", na verdade é um homem cisgênero gay. De bichinha afeminada e pobre, em geral, quase sempre alvo de deboche e sem conseguir emprego, ela "vira" travesti, se torna mais desejável pelo fetiche do corpo trans.

— No meu caso, não me importa mais o que o outro acha da forma como me apresento fisicamente: fui, sou e sempre serei travesti.

— Você tirou seu silicone todo?

— Tirei. Dos olhos, das pálpebras, do rosto. Tirei minha prótese de silicone dos seios. Estava tudo deformando com a idade. Plástica é o seguinte: quem faz, tem que manter, senão tudo cai e você fica um horror. A gente exagerava demais no silicone, as bochechas pareciam um fuscão. Meu cabelo sempre foi ralinho e, com a idade, foi caindo. Tive que deixar de usar megahair para colocar peruca inteira. Estava dando muito trabalho. E, na rua, cada vez menos retorno. É cruel você ir percebendo que é menos requisitada. E me esforçando, querendo continuar com aquilo que mais gostava de fazer. Eu morro de saudade! Tenho sonhado muito comigo toda montada, fazendo esquina com aquelas que trabalharam comigo, não me esqueço de nenhuma delas. Mas agora não dá mais para me apresentar fisicamente daquela forma.

— Você acha que isso tudo foi em função da velhice?

— Eu não saí da prostituição, a prostituição é que saiu de mim. Não ganhava mais. Voltava com o mesmo batom que saía de casa. As próprias travestis mais novas chegavam pros clientes e falavam, apontando pra mim, tentando me ajudar: "Vai naquela ali que é mais baratinho". Com o tempo, fui cansando. Estava querendo fechar a casa de prostituição que mantinha, porque dava um trabalhão, e fui fazer outras coisas. Além disso, a polícia estava barbarizando muito, jogando bomba na nossa casa. Queria paz.

— A decisão de se desmontar foi para conseguir trabalho?

— Pense comigo: veja nossa sociedade, os preconceitos, e imagine um corpo envelhecido de uma travesti, cheio de silicone caído, deformado, vendendo um picolé na rua. Quem vai querer comprar picolé dela? Seria uma chacota, seria humilhada. Me desmontar foi uma forma de defesa, de me proteger. Trabalhei em salão de beleza, de doméstica, vários trabalhos. Também havia comprado, do dinheiro que me restou, um barraco aqui em Belo Horizonte, em um bairro muito pobre. Passava e escutava daqueles homens, próximos à minha casa, ameaçando: "Vamos pegar ele com um pau de enxada...". Olha, meu corpo chegava a arrepiar. O que seria de mim? Teria que brigar com o mundo inteiro. Foi melhor me apresentar socialmente da forma que estou hoje, mas minha cabeça é a mesma. Hoje sou bem-aceita. Acredita que muitas pessoas olham para mim e pensam que eu sou uma mulher lésbica, masculina, mais velha?

— Qual é a sua preocupação agora?

— Da época da minha juventude, sobraram pouquíssimas amigas, infelizmente. Aprontei muito, mas tive sorte. Hoje trabalho de carteira assinada no programa BH de Mãos Dadas, da prefeitura, de combate ao vírus HIV. Para você ter uma ideia, não paguei meu INSS porque achava que só viveria até os trinta anos de idade. Hoje também mantenho um salãozinho dentro de casa, atendo minhas vizinhas, faço cabelo etc. Não tenho muito com o que me preocupar, sou uma pessoa feliz. Só tenho medo de doenças, ficar inabilitada. Sou hipertensa, diabética, cheia de problema de saúde, mas, por enquanto, nada que me preocupe demais.

— Já pensou na morte?

— Morro de medo. Adoro viver, acordar de manhã, ver gente, conversar com minhas galinhas. O pior é morrer sozinha e as pessoas me encontrarem três dias depois. Presenciei cenas terríveis: vi amiga caindo durinha dentro do banheiro, amiga perder toda a água do corpo pelo ânus, coisas horrorosas. Não quero sofrer.

— Você se arrepende de algo?

— Cheguei no Rio de Janeiro só com uma moeda no bolso. Sobrevivi à prostituição, às agressões, à marginalidade, à aids, conheci pessoas péssimas que tentaram me roubar, me matar. Passei por uma vida dificílima e estou aqui hoje, na sua frente, em paz comigo mesma. Por que me arrependeria?

18. Encontros com a morte

Quem somos nós senão guerreiros
sobreviventes de diversas guerras.
Cicatrizes marcadas por todo o corpo,
sangue batido, constante mutação...
Shannon Dylan

Conheci Márcia Rocha pouco depois do lançamento do meu livro *Viagem solitária*. Havíamos trocado alguns e-mails, e ela era mencionada no livro. Por ser uma travesti que não faz questão de passar por mulher, reafirmando a visibilidade trans expressa em seu próprio corpo, ela me chamou a atenção.

Nesses anos, estreitamos uma relação de amizade, admiração e amor fraterno. Por muitas vezes fiquei hospedado em sua casa ou estivemos juntos em hotéis pelo país, participando de mesas, debates e eventos. Essa convivência próxima nos ajudou a construir um ativismo positivo e frutífero, inclusive quanto ao Projeto Transempregos, que vem ajudando centenas de pessoas trans a se inserir no mercado de trabalho pelo Brasil.

Convivi com sua filha, que tem a cara dela e a chama de pai, e com sua mulher, que a ama tal como é. Presenciei a forma firme como comanda os negócios, tendo sido a primeira pessoa trans a conseguir o direito ao uso do nome social na Ordem dos Advogados do Brasil, conquista com efeitos importantes para toda a nossa população.

Como sei do gosto da Márcia pela escrita, pedi a ela que fizesse um texto para este meu livro, com o que ela concordou.

Novamente, ao ler o que ela escreveu, fiquei emocionado com a contribuição dessa "travesti com muito orgulho" e sua visão prática da vida, que me ajudou neste momento difícil em que enfrento a idade e a doença. Sei que ela o escreveu pensando em mim, mas compartilho seu texto aqui com carinho, para que possa tocar meus leitores.

Por volta dos treze anos vivenciei minha primeira experiência real de risco de morte. No apartamento de minha mãe, as janelas tinham um sistema de persianas que podiam ser recolhidas ou baixadas sobre um pequeno e frágil trilho que, por sua vez, se abria para fora a meio metro de distância do parapeito. Uma noite, ao me debruçar para fora, perdi o equilíbrio e simplesmente caí pela janela. Por pura sorte, o trilho da persiana estava aberto, embora a persiana estivesse erguida, e então caí com o peito apoiado sobre ele. Eram onze andares de altura.

Fiquei paralisada ali por um tempo que não consigo dimensionar, suspensa e olhando para o abismo, com o peito apoiado naquele frágil filete de alumínio, com um centímetro de largura, apenas a cintura apoiada no beiral e as pernas do lado de dentro da janela, mais de trinta metros de altura entre meu corpo e o chão lá embaixo.

Consegui então dominar meu pavor, segurar no trilho com ambas as mãos e fazendo pressão com as pernas contra a parede sob a janela, puxar meu corpo novamente para dentro, trazendo o trilho comigo para a posição fechada. Imediatamente, me atirei no chão e fiquei olhando para a janela, o corpo incapaz de se mover, o coração disparado, lágrimas escorrendo pelo rosto e a mente ainda lutando contra o pânico total.

Mais tarde, deitada na cama, repassava incansavelmente a cena e as sensações, sem conseguir dormir. Afinal, o frágil trilho poderia ter cedido ao meu peso ou simplesmente estar recolhido, e eu não passaria de uma massa disforme, estatelada no pátio lá embaixo. Por muito pouco, e me lembro de ter pensado claramente nisso, tudo estaria acabado. Nada restaria, todo um futuro extinto, qualquer possibilidade de ser um dia o que quer que fosse exterminada.

Os efeitos dessa experiência em minha personalidade são difíceis de avaliar, mesmo hoje. Certamente passei a ver minha própria vida de forma diferente, bobagens passaram a ser apenas bobagens, a vida ganhando a necessidade de ter um sentido ou ser vivida, algo incomum a alguém ainda tão jovem. Passei a ver riscos apenas como ocorrências comuns à minha existência, como se qualquer tempo vivido a partir dali fosse um bônus, uma nova chance de recomeçar, mais uma oportunidade de passar de fase em um video game. Acima de tudo, compreendi a morte como uma parceira da vida, uma possibilidade constante, uma companheira permanente da própria existência e, por isso, a necessidade de viver intensamente enquanto me era possível.

Hoje compreendo que essa experiência pode ter me levado a buscar hormônios para iniciar minha transição ao feminino com o qual me identificava desde a primeira infância, identificação essa ocultada de todos. Foi nessa época que meus seios começaram a brotar, meu pai percebeu e me conduziu a um médico, ambos me convencendo a parar com a medicação e não contar a ninguém. A noção da fragilidade e brevidade da vida me impulsionou a vivê-la intensamente, deu cores mais vivas aos contrastes, exaltou em mim os questionamentos daquilo que me colocavam como "verdades". Acabei cedendo a meu pai e ocultando minha condição trans, o que possibilitou que se mantivessem abertas as portas da educação, do trabalho, da formação de uma família e tudo o mais que vivenciei e construí nesses 53 anos.

Várias outras vezes passei por graves riscos de vida em acidentes automobilísticos, praticando esportes radicais ou atravessando doenças, sempre aceitando a morte como possibilidade da vida. Ao saltar de paraquedas pela primeira vez, por exemplo, ou ao quase morrer afogada em um mergulho profundo demais na prática de apneia, ou ainda quando quase congelei após uma queda esquiando na neve, fora de pista, ficando horas onde ninguém poderia me achar. Acredito que aceitar tranquilamente a possibilidade da morte teve um papel importante na resiliência, em tentar seguir em frente e não desistir.

Da mesma forma, a compreensão da minha transgeneridade, aliada a essas sensações da efemeridade da vida e necessidade de seguir em frente, foram as responsáveis pela minha "coragem" ao me assumir aos 45 anos, colocando em risco tudo o que construí. Há riscos em tudo o que fazemos, e me lembro de dizer, ainda muito jovem, que ficar trancada em casa não seria garantia de segurança, pois um avião desgovernado poderia entrar pela janela!

Navegante experiente que sou, sei que em uma longa viagem há dias de calmaria, outros de tempestade, e saber como enfrentar o mar, o ângulo e a velocidade corretos para encarar cada onda, a atenção com cada detalhe, os ruídos do motor, os rangidos do casco, a direção e a força dos ventos, a agulha da bússola, são a realidade de cada momento, sem pensar no destino final. Como na vida, não existe segurança plena, cada instante é único e passageiro, a realidade mudando a cada instante, e é preciso haver uma atenção constante, adaptação a cada momento, determinação e seriedade.

Assim como na vida, só importa o momento atual de todo o caminho a ser percorrido dessa travessia, desta viagem em cujo destino final não pensamos chegar.

Hoje, sinto já as mudanças do corpo. Atleta que sempre fui, já me faltam as pernas e a energia de outrora. Tudo o que sempre amei fazer, todos os esportes e mesmo algumas atividade bastante simples vêm sendo cada vez mais penosas ou impossíveis de realizar como antes, a idade dificultando todos e cada um dos prazeres que tenho. Até mesmo ir a uma "balada" para dançar sobre um salto quinze, antes prática comum, torna-se cada vez mais penosa, mesmo por períodos cada vez mais breves, e implica dores por todo o corpo e uma lenta recuperação nos dias seguintes.

Novamente, olhar para o horizonte seria vislumbrar o fim da viagem e distrair-se do agora. Navegar é preciso, ainda que o barco perca performance diante das ondas, que se desmantele aos poucos, perdendo partes e começando a fazer água. Seguir e seguir. Tapar buracos, remendar o que for possível e aceitar como inevitável o que não for, mas manter o rumo. Onda após onda, subir e descer da melhor forma possível e teimosamente navegar, pois desistir é soçobrar.

Dois dedos de uma mão perdem sensibilidade, o nervo adoecido talvez pela sequela de um herpes-zóster recente, consequência de uma infância onde não havia vacinas preventivas contra catapora. Naquela época, contraíamos doenças como caxumba, rubéola, catapora e sarampo. Fazia parte da infância, e tive todas elas.

Em exames recentes de rotina, detectou-se um pequeno caverno-ma, uma espécie de tumor benigno congênito alojado no lobo frontal do meu cérebro, inoperável, mas que está ali desde sempre e que nem sequer seria detectado sem as mais modernas tecnologias. Diante de nova onda encapelada, subir de olho nas espumas da crista, buscando o melhor ângulo, torcer o leme e descer, os olhos já perscrutando o formato, direção e tamanho da próxima.

Se por um lado, como dizia meu falecido pai, "ficar velho é uma merda", é a experiência que faz um bom navegador, e transmitir aquilo que aprendemos aos mais jovens é o que nos faz humanos. Minha paterno-maternidade fez de mim uma pessoa consciente dessa responsabilidade, não apenas em relação à minha filha, mas a toda a tripulação de minha existência. O temor pela inexperiência e a ignorância dos mais jovens frente à vida são apenas mais um estranho ruído constante a nos alarmar, mas que devemos simplesmente aceitar como inevitável e seguir em frente, nos restando ensinar o que podemos e aceitar que cada um precisará experienciar suas próprias tempestades quando nossas mãos não suportarem mais o timão.

Na esteira espumante e sinuosa que resta ao passar da nau, o rastro de nossa passagem aos poucos se desfaz sobre as águas. Cada gesto, cada manobra ousada, precisa e inédita, gentil ou agressiva, cada ordem dada, justa ou cruel, necessária ou covarde, cada ação criativa, produtiva ou inútil só permanece na lembrança daqueles que nos acompanham.

Por fim, pouco importam os portos onde paramos, as rotas que traçamos ou as manobras que fizemos, exceto para as pessoas que compartilham de nossas vidas. Se há algum sentido para nossas existências, alguma razão qualquer de ser, esta repousa viva dentro daqueles com quem percorremos cada trecho de nosso breve trajeto.

Ser uma travesti privilegiada pelo nascimento me deu a oportunidade de viver, observar, criar e ensinar, ao enfrentar os mares mais revoltos. Ciente da responsabilidade do bom exemplo, firme e resoluta, enquanto conseguir flutuar, sigo ao leme.

Depois, aceitando resignadamente, será com vocês.

Epílogo

Vaidade de vaidade, diz o pregador, tudo é vaidade.
Eclesiastes (12,8)

Este é um epílogo inacabado, como tudo que está vivente.

Com os nódulos no cérebro e o diagnóstico de incurável, parto para a segunda radioterapia. São quinze sessões seguidas, sendo uma para os nódulos do mediastino, outra para o da suprarrenal e a terceira para todo o cérebro, numa tentativa de evitar mais nódulos. Fazem então uma máscara furadinha de silicone, moldada na minha cabeça. Pareço o Hannibal, o personagem do filme *O silêncio dos inocentes*. A noção da morte agora é uma companheira constante, mas adocicada. Sei que não viverei a minha morte, pois quando ela chegar eu já estarei morto. O que me aflige são as possíveis sequelas cerebrais. Mas viver um medo antecipado não combina comigo. Nada de fantasias catastróficas.

Continuo trabalhando nos depoimentos, dando voz às pessoas transgêneras, compondo assim a segunda parte deste livro. Quando este tempo acabar, posso pensar em outra forma, se conseguir pensar. Afinal, morei com um cego por anos e ele me fez ver tanta coisa. E se eu não morrer do câncer, mas de um infarto ou uma queda, quem sabe?

Hoje, mais uma vez, li a parte final do Eclesiastes, a que fala da juventude e da velhice. Aproveitei bem os dias da minha mocidade e espero não chegar aos dias em que terei que dizer: "Não tenho neles prazer". A expressão "ainda posso" me vem à cabeça a todo momento, e faço questão de repeti-la em voz alta, para me ouvir e confirmar que estou vivo, bebericando prazer. Apesar de até um pequeno gafanhoto já me ser um peso, que os dentes da boca me sejam poucos, ainda ouço ao longe os pássaros. Que privilégio poder andar, ainda que de bengala, com pouco fôlego, passinhos lentos e curtos, mas sozinho. Tomar meu banho, sem ter que mostrar meu corpo a ninguém.

Não importa se tenho que lutar com meus esfíncteres, que teimam em se tornar independentes. Agora uso fraldas, mas também perfumes que nunca usei. Boto o pijama mais confortável e novo. Não preciso mais economizar nada. Nem o açúcar, que o diabetes não deixava, nem a gordura que a esteatose hepática me proibia. Agora pouco importa, só quero a tranquilidade que Bilac não teve para envelhecer. Degustar cada instante com o máximo de consciência prazerosa naquele ato presente, porque não sei até quando posso, mas ainda posso.

De que vale um decreto médico da não cura? É só a opinião de um técnico humano. Mato a esperança? E como poder sonhar? Viver com menos angústia do tempo. Nós vamos embora e os dias continuarão a amanhecer. Nada tem que acabar junto comigo, sobretudo o que é bonito e bom. As gerações futuras estão precisando de beleza, de amor, do que nos fortalece no que há de melhor no ser humano. Os crimes e as guerras continuarão porque o homem não aprendeu a viver sem o orgulho, a inveja, a competição tão selvagem desse capitalismo. E me vem uma onda de paz imensa em poder não mais viver nesta podridão. Ajudei a escolher a minha morte ou, pelo menos, a que acho que vai ser pelas probabilidades. Por que antagonizar o acaso e a necessidade? Juntá-los é mais perfeito.

O câncer me corrói mais a cada dia, mas estarei livre das cirurgias a que teria que me submeter aos oitenta anos para trocar as próteses do meu corpo.

Quero beber da humildade, saber que ajudando as pessoas trans dei o melhor de mim, a realidade do que sou. É um grande alívio, uma libertação.

Agora, só quero viver no vão momento, sem missão alguma, sem ter que dar sentido à minha vida. Basta conseguir me divertir, como na simplicidade de um jogo, que me arrebata para outra dimensão.

Perder a vergonha do meu corpo, do que classificam de errado. Seria maravilhoso me desnudar todo.

Quero só o beijo, o carinho, o afago, a doçura do afeto, sem invadir ou precisar de trocas e trocos. As dores são o que me impede de me jogar completamente no embalo desta paz que almejo.

A consciência da morte também me chega pelas homenagens recentes que resolveram me prestar: a publicação do livro *Estudos sobre gênero: Identidades, discurso e educação. Homenagem a João W. Nery*, uma coletânea de textos de vários autores com o meu retrato na capa; a concessão do título de doutor honoris causa pela Universidade Federal do Mato Grosso, a UFMT; o banner gigante que saiu na parada do Orgulho LGBT em Copacabana, no dia 30 de setembro de 2018, citando uma frase minha; e ainda a vitória ao concorrer ao Prêmio 2018 da revista *Claudia*, na categoria Eles por Elas.

Fico feliz com o reconhecimento do meu trabalho. Mas é um pouco tarde para desfrutar dessas honrarias. Terminei a radioterapia e uma semana depois tive uma séria crise cardiorrespiratória. Dei entrada na emergência do hospital como desenganado, mas não deixei me entubarem, decisão esta que tomei com minha irmã médica desde a morte de mamãe. Aos poucos fui vencendo as crises. Duas semanas depois, graças à ajuda de amigos e parentes, voltei a escrever este livro e me livrei da máscara de oxigênio.

O que desejo é que ele seja lido pelo maior número de pessoas e ajude a descontruir a imagem caricata que se faz das pessoas transidosas. Todos nós nascemos gente, o resto são rótulos. Como diz minha amiga Letícia Lanz: "Se a transgeneridade não fosse considerada transgressão do dispositivo binário de gênero, não haveria estigma, nem preconceito, nem patologia, nem armário. É a norma que cria a infração da norma. Se ela for extinta, deixa de haver infração."

Que venha o que tiver que vir. Não coloco nas mãos de nada nem de ninguém o meu destino. Minha vida é só minha e só eu morrerei com ela.

O autor
Outubro de 2018

(Dois dias depois, em 26 de outubro, com o livro já concluído, João W. Nery faleceu.)

ESTA OBRA FOI COMPOSTA PELA ABREU'S SYSTEM EM INES LIGHT
E IMPRESSA EM OFSETE PELA LIS GRÁFICA SOBRE PAPEL PÓLEN BOLD DA
SUZANO S.A. PARA A EDITORA SCHWARCZ EM SETEMBRO DE 2019

A marca FSC® é a garantia de que a madeira utilizada na fabricação do papel deste livro provém de florestas que foram gerenciadas de maneira ambientalmente correta, socialmente justa e economicamente viável, além de outras fontes de origem controlada.